FERNANDO LUIZ LARA

EXCEPCIONALIDAD DEL MODERNISMO BRASILEÑO

PENSAMIENTO DE LA AMÉRICA LATINA

Romano Guerra Editora
Nhamerica Platform

COORDINACIÓN GENERAL
Abilio Guerra, Fernando Luiz Lara y Silvana Romano Santos

EXCEPCIONALIDAD DEL MODERNISMO BRASILEÑO
Fernando Luiz Lara
Brasil 4

ORGANIZACIÓN
Abilio Guerra y Silvana Romano Santos

COORDINACIÓN EDITORIAL
Silvana Romano Santos, Abilio Guerra y Fernanda Critelli

ASISTENCIA EDITORIAL
Fabiana Perazolo

TRADUCCIÓN
Lena Império, Marcela Calderón, Marcio Cotrim y Silvia Victoria Sanchez

CORRECCIÓN DE TEXTO
Fabiana Perazolo y Lena Império

DISEÑO GRÁFICO
Maria Claudia Levy y Ana Luiza David (Goma Oficina)

DIAGRAMACIÓN
Natalli Tami

Romano Guerra Editora

SÃO PAULO

AUSTIN

2019

FERNANDO LUIZ LARA

EXCEPCIONALIDAD DEL MODERNISMO BRASILEÑO

8 PRESENTACIÓN

36 DIFUSIÓN DEL VOCABULARIO MODERNO

72 MODERNISMO VERNÁCULO

98 MODERNISTAS ANALFABETOS

126 ORIENTE, OCCIDENTE, ALTO Y BAJO

142 ¿AMERICANIZACIÓN O BRASILIANIZACIÓN?

162 UTOPÍAS INCONCLUSAS

196 SOBRE LA INVISIBILIDAD DE LA MADERA

204 ARQUITECTURA MODERNA BRASILEÑA Y EL AUTOMÓVIL

232 CONTINUIDADES Y RUPTURAS

NOTAS SOBRE LA EXCEPCIONALIDAD

TRADUCCIÓN DE MARCIO COTRIM

Excepcional. Adjetivo de doble género, 1) Que constituye excepción de la regla común. 2) Que se aparta de lo ordinario, o que ocurre rara vez. Del latín: exception (ex = fuera, capere = tomar); tomar fuera, separar.
Diccionario de la Real Academia Española

El adjetivo *excepcional* resume mis veinte años viviendo entre Brasil y Estados Unidos, en el sentido de algo inusual, diferente de los demás. Hasta muy poco tiempo, los migrantes tenían que "quemar sus naves;" cambiar de un país a otro significaba dejar atrás toda una vida y empezar otra desde cero en la nueva dirección. Tuve la suerte (o el azar) de vivir en una época en que esto ya no es necesario, un tiempo en que las comunicaciones se han vuelto casi gratuitas y los viajes cada vez más baratos, incluso teniendo en cuenta que el salario de profesor universitario no es de los mejores en ninguna parte del mundo. Pero lo hice muy temprano en relación a estos cambios tecnológicos, y esto seguramente tuvo un impacto en mi carrera. En 1996, cuando fui a Estados Unidos por primera vez, todavía no teníamos internet en casa, sólo en la universidad podíamos usar terminales de pantalla verde para mandar mensajes que tardaban muchos minutos en cruzar los 8.000 kilómetros entre Michigan y Minas Gerais.

_tell leticiam@umich.edu que la echo de menos...

En el siglo pasado, tuve la suerte de conocer a Abilio Guerra y colaborar, primero, con el *Boletim Óculum* y luego con el Portal Vitruvius desde sus orígenes. Este libro es el resultado de dos décadas de investigación y algunos encuentros fortuitos – como esta colaboración que, desde 2015, se convirtió en un trabajo conjunto con la editorial Romano Guerra, en la colección "Pensamiento de América Latina," de la cual esta publicación hace parte.

Siguiendo el diseño de la colección, la mayoría de los textos que componen este libro fueron publicados originalmente en distintos periódicos de lengua inglesa. Solamente esta introducción, adaptada del memorial del concurso para profesor titular de la Universidad Federal de Minas Gerais – UFMG, es inédita.

Así como los otros libros de la colección, este también se publica en cuatro versiones: en papel y e-libro, en portugués y español.

En los últimos años, hemos asistido a un aumento considerable de publicaciones sobre arquitectura brasileña en inglés: *Brazil Architecture Guide* de Laurence Kimmel, Anke Tiggemann y Bruno Santa Cecilia, 2014; *Modern Architecture in Latin America* de Luis E. Carranza y Fernando Luiz Lara, 2015; los dos libros con el título *Lina Bo Bardi*, de Zeuler Lima, 2013, y de Cathrine Veikos, 2014; *Latin America in Construction: Architecture 1955-1980* de Barry Bergdoll, Jorge Francisco Liernur, Carlos Comas e Patricio del Real, 2015; *A Collection of Latin American Modern Architecture* de Leonardo Finotti, 2016; y los primeros tres libros de esta serie "Latin America: Thoughts:" *Architecture and Nature* de Abilio Guerra; *Ode to the Void* de Carlos Teixeira; y *Risky Spaces* de Otavio Leonidio, todos publicados en 2016. Sin embargo, debido a la naturaleza compleja del mercado editorial y a una separación histórica entre Brasil y sus vecinos, muy poco sobre la arquitectura brasileña ha sido publicada en español. Este libro pretende rellenar una pequeña parte de este vacío.

¿Pero sobre cual excepcionalidad me refiero al punto de dedicar todo un libro al tema? Seguramente, no es por creer que Brasil o Estados Unidos son excepcionales o divergentes hasta el punto de volverse opuestos que decidí escribir este libro. Todo

PRESENTACIÓN

lo contrario, estoy convencido de que mis dos países son cada vez más parecidos. El hemisferio Norte se va poniendo cada vez más brasileño en este siglo 21 (ver el crecimiento explosivo de la desigualdad y del desequilibrio institucional) mientras que Brasil se norteamericaniza (ver el capitalismo salvaje con hipertrofia del poder judicial).[1] Sin embargo, a pesar de las trayectorias convergentes, mis dos países aún se perciben como excepcionales. Brasil se imagina excepcional en el sentido de su inusual unicidad cultural, que supuestamente le hace distinto de los demás, y los Estados Unidos todavía se imaginan excepcionalmente mejores que los demás. Los Estados Unidos tienen toda una teoría de la excepcionalidad, desarrollada a lo largo de la expansión territorial en la segunda mitad del siglo 19 e inspirada en una lectura parcial de las ideas de Alexis de Tocqueville de los años 1830.

Durante el largo siglo 20, el concepto de *American exceptionalism* se cristalizó alrededor de la idea de que la democracia norteamericana, consolidada a finales del siglo 18, era mejor que las otras. Deliberadamente utilicé el adverbio *todavía* en el párrafo anterior porque en el caso de Brasil, el año de 2016 resultó en una dura corrección de la autoimagen de su sociedad que se veía como tolerante y preocupada con las desigualdades, para los norteamericanos la caída ha sido mucho peor. La elección de Donald Trump exige la comprensión de que la mayor y más antigua democracia del continente es tan vulnerable como otra cualquiera. Con las lentes de 2018, se vuelve ridícula la creencia de que una constitución escrita por señores de esclavos en 1780 puede ser utilizada como base para discutir igualdad e identidad 250 años después. El resultado de esta miopía es una población fuertemente armada, que se mata a sí misma en tiroteos sin sentido. Lo que la elección de Trump demostró, y que una gran parte de la población (no la mayoría) se niega a aceptar, es que esta república también fue fundada y erguida con base en la desigualdad. Y esto es un cambio de paradigma de proporciones bíblicas para un pueblo acostumbrado a celebrar su grandeza por dicha excepcionalidad del *American dream*. En resumen, no existe una excepcionalidad entre las sociedades, sus instituciones y sus economías. Si algo aún se sostiene en estos dieciocho años de un siglo que mantiene la máxima marxista "todo lo sólido se desvanece en el aire" es la constatación de que todos estamos – los 7,5 mil millones de seres humanos – absolutamente interconectados e interdependientes.

¿Entonces cuál es la razón de escribir un libro sobre la excepcionalidad de la arquitectura moderna brasileña? En noviembre de 2017, tuve el honor de participar en dos de las más importantes mesas del 12º Seminario Docomomo en Uberlândia, Minas Gerais. En una de ellas, compartiendo el escenario (estábamos literalmente en el teatro) con Carlos Eduardo Comas, Carlos Alberto

PRESENTACIÓN

Ferreira Martins y Leonardo Finotti, y teniendo a Kenneth Frampton, Ana Tostões y otros importantes historiadores de la historia de la arquitectura moderna brasileña como platea, pasamos la noche discutiendo esta dicha excepcionalidad. En las palabras de Comas, Brasil tiene una arquitectura moderna única que debe siempre ponerse de esta forma hacia sus vecinos en América del Sur. Provocado por Carlos Martins, que utilizó argumentos de mi libro con Luis Carranza para encender el debate, expuse que Brasil tiene una trayectoria muy parecida a los otros países de América, sea la América hispánica o la América anglosajona, y nuestra historiografía carece de más estudios comparativos. Opino que debemos alzar el Ministerio de Educación y Salud – MES de Rio de Janeiro, la Facultad de Arquitectura y Urbanismo de la Universidad de São Paulo – FAU USP y el Conjunto Arquitectónico de Pampulha en Belo Horizonte al mismo nivel del Guggenheim en Nueva York, el Salk Institute en California, y el Crown Hall del Illinois Institute of Technology – IIT, y lo mismo debería pasar al Banco de Londres de Argentina, la Cepal de Chile, el Museo de Antropología de México, la Iglesia en Atlántida de Uruguay y las Escuelas Nacionales de Arte de La Habana, Cuba, entre tantos otros.

Considerando que la arquitectura moderna se convirtió herramienta (y no sólo en el resultado material) de la formulación de las identidades nacionales en Latinoamérica, ¿no sería esta excepcionalidad una falacia como argumenta Jorge Francisco Liernur[2] en el prefacio de nuestro *Modern Architecture in Latin America*? ¿El carácter único de la arquitectura moderna brasileña, entendido como excepcional ante el resto de las Américas, sería irreconciliable – como sugiere Liernur – con la aspiración universalista del modernismo? No que yo esté totalmente de acuerdo con Liernur en este punto. En las Américas, tanto Brasil como México y Venezuela tuvieron gobiernos que abrazaron la arquitectura y el arte moderno como herramientas de construcción de sus identidades nacionales, con innegable éxito. El hecho de que Argentina y Estados Unidos no lo hicieron dice más sobre las inclinaciones anti-modernas de sus élites a mediados del siglo 20 y menos sobre la posibilidad de conciliación entre modernismo y nacionalismo.

Entonces, ¿qué hay de excepcional en la arquitectura moderna brasileña? ¿Sería su exuberancia plástica? ¿El milagro de arquitectura llamado Oscar Niemeyer del que hablaba Lúcio Costa en 1951? ¿Su supuesta capacidad de subvertir la matriz corbusiana? ¿Sería el encuentro de esta misma arquitectura con la voluntad constructora de Juscelino Kubitschek – encuentro que ocurrió en la orillas de una laguna de mi ciudad natal diez años antes del texto de Costa, o sea, en 1941? ¿O sería excepcional el rigor tectónico paulista que se cristalizó en la década subsiguiente al referido texto y que domina el imaginario de la arquitectura con

PRESENTACIÓN

"A" mayúscula del país hasta hoy, 75 años después de Pampulha y cincuenta años después de la FAU USP?

No exactamente. Todos estos (y muchos otros) hechos arquitectónicos son excepcionales y merecen su lugar en la historia mundial de la arquitectura, al lado de sus contemporáneos Casa de la Cascada en Pensilvania, Unité d'Habitacion en Francia, el ya citado IIT y la Villa Mairea en Finlandia. Este libro es sobre otra excepcionalidad de la que poco se habla: la escala de la diseminación del vocabulario y de la espacialidad moderna en Brasil.

Dediqué las primeras décadas de mi carrera académica estudiando esa diseminación. El trabajo se inició en 1996 cuando llegué a Michigan para cursar el doctorado y me di cuenta de que sólo en Brasil hay cientos de miles de casitas modernas, en las cuales se observa una repetición de elementos arquitectónicos: tejados inclinados hacia dentro, losas de hormigón sostenidas por esbeltas columnas de metal, brise-soleils o elementos fundidos garantizando sombra, privacidad y ventilación.

Haciendo un breve resumen cuantitativo de esta extensión, cabe señalar que Brasil tenía solamente 2 millones de domicilios urbanos en 1940 contra cerca de 35 millones actualmente. Si podemos considerar que todo lo que fue construido en Brasil después de los años 1940 fue fuertemente influenciado por el movimiento moderno, entonces el 95% de lo construido es moderno. En mayor o menor grado, con menos o más calidad, pero eminentemente moderno. Por lo tanto, se hace fundamental preguntar: ¿cuáles son los valores de nuestra modernidad que aún estarían impregnados en nuestro ambiente construido; y cuáles los problemas que aún persisten y qué distorsiones se han producido en los últimos cincuenta años? Además, el impacto cualitativo de esta diseminación es aún mayor.

Esta es, según mi interpretación, la excepcionalidad de la arquitectura moderna brasileña. Una diseminación y penetración singulares por muchos de los estratos sociales, llegando a la clase media y, por qué no decir, hasta las *favelas*.

Los textos reunidos en este tomo son el resultado de estos veinte años de investigación sobre la arquitectura moderna brasileña, sobre su diseminación y penetración, su genialidad y sus contradicciones, desde la Pampulha hasta las *favelas* pasando por las casitas de clase media y los maestros albañiles que construyeron todo eso. La mayoría de estos textos nunca se ha publicado en español ni en portugués, hecho que me angustiaba mucho considerando que Brasil es el objeto central de la investigación.

Cualquier trabajo que se proponga a tratar de la excepcional difusión del modernismo brasileño enfrentará un desafío en la narrativa hegemónica y en la comprensión de las relaciones de poder que construyen una imagen (externa) de la arquitectura.

PRESENTACIÓN

Hablar al mismo nivel que Stanford Anderson, Kenneth Frampton, William Curtis y Jean Louis Cohen puede parecer osadía, pero en realidad es una estrategia necesaria en el proceso de descolonización de la arquitectura brasileña. Si el conocimiento del modernismo OTANcéntrico[3] sistematizado por ellos es fundamental, es también insuficiente; y es en este punto que entra nuestra contribución. Edificios como el MES en Rio, la FAU USP y la Casa de Vidrio en São Paulo, el Casino de Pampulha en Belo Horizonte y la Capilla del Centro Administrativo de Bahía en Salvador merecen figurar en cualquier canon de arquitectura moderna del planeta; y corresponde a nosotros escribir sobre

Ubicación de los edificios mencionados en los libros de Frampton, Cohen, Curtis y Scully. Diseño Fernando Luiz Lara

ellos de esa manera, nunca como brazo lejano y por eso menor del tronco moderno. Somos parte del núcleo de la narrativa, punto final.

Una de las motivaciones del doctorado y del libro basado en él[4] fue la idea de que la experiencia cotidiana de los edificios comunes moldea nuestra percepción del ambiente construido tanto o más que los edificios paradigmáticos de la historiografía arquitectónica. La pesquisa que dio soporte a este libro investigó la aceptación de la arquitectura moderna en Brasil, con énfasis en las residencias de la clase media de los años 1950. Esta aceptación puede ser percibida fácilmente en los innúmeros elementos de la arquitectura moderna adoptados y aplicados en las residencias de clase media de las grandes ciudades brasileñas durante los años 1950, período en que la popularidad del modernismo en el área cultural coincide con el establecimiento del nacional-desarrollismo económico.

Como escribió Felipe Hernández acerca de mi libro publicado en los Estados Unidos en 2008, "la idea de que el modernismo se ha convertido en el estilo preferido de la clase media brasileña implica demostrar que los arquitectos no tienen control de tal diseminación. Tal hecho causa gran inquietud entre los arquitectos que en respuesta insisten en desvalorar tales arquitecturas espontáneas."[5] Aún estudiante, en Michigan, tuve la oportunidad de hablar con dos estudiosos importantes del movimiento moderno: Stanford Anderson del Massachusetts Institute of Technology – MIT y Kenneth Frampton de la Universidad de Columbia, Nueva York. Ambos se opusieron a comprometerse en la discusión y me apuntaron un muro conceptual con frases muy parecidas que decían: ¿con tanta arquitectura interesante en Brasil por qué estás escribiendo a respecto de edificios proyectados por no-arquitectos? Nunca tuve la oportunidad de retomar la conversación con Stanford Anderson, que falleció en 2016, pero con Kenneth Frampton nos reímos mucho al recordarla, años después, en un taller organizado por el Museum of Modern Art – MoMA en Nueva York. En esta ocasión Frampton otra vez me pinchó al decir que él estaba correcto veinte años antes (fue en 1998 nuestro encuentro en Michigan) porque por fin escribí el libro de referencia *Architecture with Capital A in Latin America*, una referencia elogiosa al libro que escribimos Luis Carranza y yo.

Antes de ver el libro publicado en 2008, una serie de artículos que amplían la idea de diseminación más allá de las casitas de clase media fueron publicados en periódicos de lengua inglesa. Dos artículos publicados en 2006 explicaban la investigación del doctorado y expandían la discusión hacia una crítica (positiva) de lo que habría sido el movimiento moderno. El artículo "Brazilian Popular Modernism: Analyzing the Disemination of Architectural Vocabulary," publicado en el *Journal of Architectural and Planning Research*,[6] es un poco más técnico y discute cuestiones de metodología de investigación que son el punto fuerte de este periódico. El segundo artículo, también publicado en 2006, "Disemination of Design Knowledge: Evidence from 1950s Brazil," en el *The Journal of Architecture*,[7] tiene un énfasis más conceptual y emplea el caso brasileño para discutir la difusión de nuestro conocimiento en general. Este artículo fue seleccionado en 2015 para ser otra vez publicado en una edición especial donde están los textos más importantes publicados por el *The Journal of Architecture* en los últimos veinte años. Esta es la razón por la cual este texto abre esa colección.

Entre 2002 y 2006, me dediqué también a tratar de entender cómo el vocabulario formal del modernismo llegó hasta las *favelas*. En un texto publicado en 2009, en el prestigioso *Journal of Architectural Education*, defendí la tesis, ciertamente polémica, de que el sistema dom-ino dibujado por Le Corbusier en 1915 se había convertido en el ADN de las *favelas*. "Modernism Made Vernacular: The Brazilian Case,"[8] quizás este sea mi texto más polémico. Los estudiosos habituales de la obra de Corbusier como Stanford Anderson, Jean-Louis Cohen y Berry Bergdoll se apuraron a decirme (algunos de ellos de modo más elegante que otros) en distintas ocasiones que esta idea les pareció un *stretch*, una exageración. Con el apoyo de intelectuales de mi generación como Duanfang Lu (editor del *Third World Modernism*) o Felipe Hernández (autor de *Beyond Modernismo*

PRESENTACIÓN

Masters) defiendo mi lectura del dom-ino y celebro el hecho de que este análisis haya incomodado a la vieja escuela. Al fin y al cabo es así que se construye el conocimiento. El artículo sobre el modernismo vernacular publicado en el periódico inglés[9] en 2009 es el segundo de esta compilación.

Y en lugar de desestimularme, esta crítica me ayudó a elaborar mejor las ideas y construir argumentos aún más sólidos, testados en el enfrentamiento con los pares. En dos capítulos del libro "The Form of the Informal: Investigating Brazilian Self-Built Housing Solutions" de la colección *Rethinking the Informal City: Critical Perspectives from Latin America*, organizada por Felipe Hernández, Peter Kellett y Lea Allen,[10] y en el reciente "Illiterate Modernists: Tracking the Dissemination of Architectural Knowledge in Brazilian Favelas," del libro *Housing and Belonging in Latin America*, editado por Christien Klaufus e Arij Ouweneel;[11] el proceso constructivo de las *favelas* brasileñas fue por mí sistematizado para que pudiéramos, a partir de ahí, comprender la estructura espacial y los procesos generadores de esta parte significativa de las ciudades brasileñas. Este último es el tercer texto de esta compilación.

Pero no todo fueron flores en la vida académica de la idea del modernismo popular. Confeso que por algunos años me cansaba el rechazo que esta idea enfrentaba entre mis compañeros brasileños. Fueron muchas las veces en que una conferencia o la presentación de un trabajo en un congreso generó dos tipos de crítica bastante característicos: o esto no puede ser tomado como arquitectura; o esta diseminación es una forma de kitsch, el desguace vulgar de algo mejor y más puro. Pero, como pasa con toda investigación original, lleva un tiempo hasta que las nuevas ideas sean aceptadas por el *mainstream*, como bien demuestran los análisis de la construcción del conocimiento de Karl Popper e Imre Lakatos.[12] En los años 2010, casi una década después de concluir mi tesis, mi libro aparece en la principal página web del Docomomo Brasil. Felipe Hernández, Adrian Forty, Luis Carranza y Gaia Piccarolo escribieron reseñas elogiosas. Carlos Martins en el Instituto de Arquitectura y Urbanismo de São Carlos – IAU USP, Juliana Nery en la Universidad Federal de Bahia – UFBA y Nelci Tinem y Marcio Cotrim en la Universidad Federal de Paraíba – UFPB continuamente me invitan a participar como examinador de tesis que se ocupan del tema de la diseminación. En el año 2015, la tesis de doctorado de Adriana de Almeida Freire Leal, defendida en el IAU USP, utiliza mi libro *The Rise of Popular Modernist Architecture in Brazil*, de 2008,[13] como principal referencia en el estudio de la diseminación (en oposición a la idea de kitsch que mucho me parece elitista y limitada), además de los trabajos de Juliana Suzuki en Londrina. Y el mayor reconocimiento hasta ahora relativo al libro de 2008

PRESENTACIÓN

fueron las invitaciones para presentarlo en el MoMA en 2015 y en Berkeley en 2018.

En 2017 inicié una nueva etapa de esta trayectoria: primero, al asumir la plaza de profesor titular en la UFMG y luego al ser invitado para enseñar sobre las teorías del espacio en las Américas en la Universidad Autónoma de Tamaulipas, México y en el Instituto de Estudos Brasileiros – IEB de la Universidad de São Paulo. Al retomar una decena de autores que piensan el espacio de las Américas de forma independiente y autónoma (es decir, de forma descolonizadora), me he dedicado a estudiar estas narrativas en busca de una teoría del espacio inherente a nuestro continente. Por ahora son muchas las cuestiones y como resultado sólo una sencilla pero importante instalación en la 11ª Bienal de Arquitetura de São Paulo en que 250 piezas cerámicas inspiradas en las más diversas arquitecturas del continente componen un mapa.[14]

Esas ideas no han surgido de pronto; han sido elaboradas desde hace décadas en seminarios y clases sobre el verdadero significado del espacio americano. A principios de siglo, fui invitado a participar en una conferencia en Singapura, organizada por el instituto de arquitectos de aquel país, cuyo objetivo era precisamente reescribir la historia de la arquitectura moderna, una vez percibido que este actual eurocentrismo (o OTANcentrismo) no

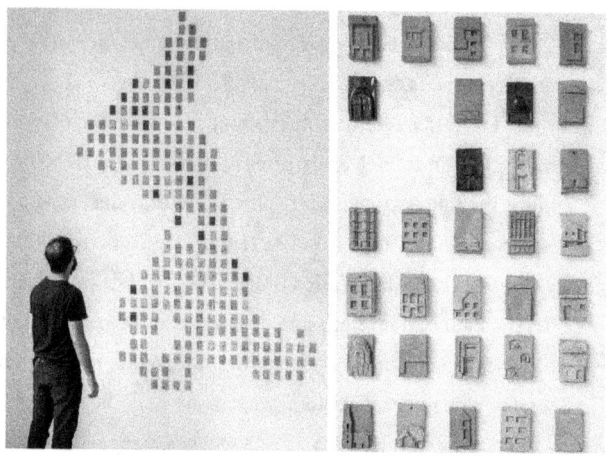

Exposición *250 Arquiteturas Americanas*, montada en la 11ª Bienal de Arquitectura de São Paulo, diciembre de 2017. Fotos Lauro Rocha

contempla y, por consecuencia, no sirve a la enseñanza de arquitectura en Asia. En esta ocasión, presenté la conferencia "East West High Low, How Brazilian Modernist Vernacular Problematizes it All," que se publicó como capítulo del libro *Non West Modernism Past*, editado por William Lim y Jiat-Hwee Chang,[15] escogido para ser el cuarto texto de esta colección. En este texto argumento que mientras la arquitectura de dichas estrellas de la profesión se hacen cada día más parecidas, es en la expresión vernácula que se revela la verdadera cultura de la construcción de cada región.

PRESENTACIÓN

El quinto texto de esta colección, "Americanización o brasilianización?," fue presentado en la conferencia *Americanization of Postwar Architecture*, organizada por Paolo Scrivano y Jean-Louis Cohen en la Universidad de Toronto en 2005. Dando respuesta a la invitación de los organizadores que querían discutir la diseminación de los modelos Seagram y Lever House desde los años 1950, opté por estratégicamente cambiar la lógica de la americanización de la arquitectura de la posguerra, argumentando que en realidad lo que ocurrió fue una brasilianización, una vez que los modelos verdaderamente pragmáticos del MES y del edificio de la ONU, anteriores a los mencionados edificios norteamericanos, tienen raíces innegablemente brasileñas. Empezó así la discordia del compañero Jean-Louis Cohen con mi forma *heterodoxa* (léase no colonizada) de tratar la historia de la arquitectura moderna. Actualmente, junto a Abilio Guerra y Marcio Cotrim, esta discusión sobre modelos ha sido ampliada y profundizada en investigación que trata de las experiencias de los años 1940, 1950 y 1960 con edificios de vivienda de uso mixto en las áreas centrales de las principales ciudades de América Latina.

Sin embargo, así como en las mejores familias, defiendo con uñas y dientes a mis paisanos y soluciono los problemas en casa. Si por un lado soy ardoroso batallador por el lugar que la arquitectura brasileña debe por derecho ocupar, por otro soy el primero en señalar sus fallas y limitaciones. El sexto, séptimo y octavo textos de esta colección tienen exactamente este tono. En "Utopías Incompletas," publicado originalmente en el *Architectural Research Quarterly*,[16] señalo las raíces de la desigualdad arraigadas en el corazón del proyecto de modernidad brasileño, enfrentando el proyecto potente (pero insuficiente) del Conjunto Pedregulho de Affonso Reidy con el proyecto claramente elitizante del Parque Guinle de Lúcio Costa. El hecho de que la sociedad brasileña acogió el modelo del Parque Guinle y descartó el proyecto transformador de Pedregulho no es pura casualidad.

Extendiendo los temas de recepción y adaptación de un discurso universal (en el caso la arquitectura moderna) hacia un contexto en ebullición está el texto "Sobre la Invisibilidad de la Madera: Arquitectura Moderna en Brasil," *Ciudad y Arquitectura*,[17] el séptimo capítulo de este libro. En este texto, discuto la cultura invisible de la carpintería, responsable por las geometrías elaboradas que dieron forma al hormigón armado.

El octavo texto, "Arquitectura moderna y el automóvil: el matrimonio del siglo," fue escrito por invitación del Instituto de Investigación Económica Aplicada – IPEA para una compilación bilingüe sobre movilidad urbana en Brasil, coordinada por Renato Balbim y Clarisse Linke del Institute for Transportation and Development Policy – ITDP. Poco explorado por los compañeros estudiosos de la arquitectura brasileña, el automóvil fue – disculpen por el juego de palabras – motor del proyecto nacional de modernización, y su trágica hegemonía en los espacios urbanos es consecuencia directa de una arquitectura que lo abrazó como modelo de progreso.

En los últimos años he escrito una serie de textos en los que intento ubicar la arquitectura moderna brasileña en paralelo con las realizaciones contemporáneas en los países de América Latina. Los textos "Reinventando América/Reinventando la América," publicado en el libro *Fórum Jovens Arquitetos Latino-Americanos: inserções numa realidade periférica*;[18] y "Imprecise Cartographies. Mapping Contemporary Architecture in Las Américas" publicado en *Arquitextos* y republicado en la revista *Bamboo*;[19] "O outro do outro: arquitetura moderna na América Latina," publicado en la revista *AU – Arquitetura e Urbanismo*;[20] y el texto "Continuidades y rupturas en la arquitectura contemporánea brasileña," publicado en la revista *Plot* y en el *Brazil Architecture Guide* organizado por Kimmel, Tiggemann y Santa Cecilia,[21] seleccionado para cerrar esta selección de textos.

Los cuatro textos son resultado directo de la investigación que dio origen a aquel que es seguramente mi trabajo más importante hasta ahora. Escrito junto con el colega mexicano Luis Carranza, *Modern Architecture in Latin America: Art, Technology and*

Utopia, fue publicado por la editorial de la Universidad de Texas en 2015. Se trata del primer libro texto que abarca todo el continente latinoamericano, por todo el siglo 20. Escribir sobre arquitectura moderna en una región tan amplia y tan diversa como América Latina fue un desafío hercúleo porque exigió coser en una narrativa razonablemente coherente manifestaciones diversas que, sin embargo, demandan un análisis comparativo.

Conocer las historias de la arquitectura moderna en América Latina es un desafío hercúleo y frustrante por definición. Hercúleo por el número, el tamaño y la diversidad de las manifestaciones modernas en el continente. Frustrante porque, como dicho anteriormente, todo el entretejido de una narrativa es provisional e incompleto. En primer lugar porque *Américas Latinas* son muchas y diversas. Cualquier intento de resumir o condensar en un concepto único una región tan vasta estaría destinado al fracaso. Escogemos entonces seguir un modelo abierto de genealogía a la manera de Foucault y Tafuri, y como bien recuerda Jorge Francisco Liernur, hablar de arquitectura *en* América Latina y no de una arquitectura latinoamericana. La preposición *en* se refiere a la posición geográfica de las arquitecturas en cuestión y no implica en ningún tipo de esencia definida a priori. Esto no quiere decir que no existan semejanzas y paralelos entre las arquitecturas en América Latina. Esas son muchas, y bastante significativas.

PRESENTACIÓN

Sin embargo, el problema se vuelve aún más grande cuando, evitando un proyecto de historia general, resulta la tarea de enfrentar los límites borrosos de la propia idea de América Latina. ¿Cómo definir la región? ¿Sería todo lo que se ubica al Sur de Texas? ¿O los territorios colonizados por Portugal y España? El concepto de América Latina fue usado por primera vez por intelectuales franceses en el siglo 19 que buscaban señalar los países de lenguas neolatinas como su esfera de influencia. Como toda representación, la idea de América Latina revela sus contradicciones siempre que se intenta definir la región en pocas palabras. Edmundo O'Gorman y Enrique Dussel[22] ya nos mostraron cómo América fue construida para reafirmar la centralidad europea. Más recientemente Arturo Escobar y Walter Mignolo[23] nos mostraron la fuerza colonizadora de estos conceptos. Pero tampoco se debe abandonar la idea de América Latina una vez que, después de casi dos siglos, esta idea tiene tracción suficiente para definir una región en la multiplicidad de sus capas constitutivas: lengua, economía, religión, sociedad y urbanidad.

Empezamos entonces por la idea de que sí América Latina implica en una serie de prácticas de diseño y de construcción del medio ambiente que no son en absoluto hegemónicas sino que ayudan a encerrar intelectualmente lo que fue el proyecto modernizador y sus manifestaciones arquitectónicas.

En 2014, con el libro a punto de ser publicado, la Escuela de Arquitectura de la Universidad de Texas propuso montar una exposición celebrando la publicación del libro. La exhibición fue bautizada *El otro del otro* por haber sido la arquitectura de América Latina siempre una alteridad usada para defender y reafirmar la centralidad de la arquitectura del Atlántico Norte (el otro); y por la coincidencia de la exposición del MoMA (*Latin American in Construction: Architecture 1955-1980*), la línea del tiempo organiza por primera vez en un único campo visual la totalidad del siglo 20. Por supuesto me refiero aquí a la totalidad del siglo y no a la totalidad de la arquitectura en América Latina. Reducir un siglo de un continente a doscientos puntos es un acto arriesgado, pero necesario, como todo buen mapeo. Como nos recuerda Jorge Luis Borges, un mapa en la escala 1:1 es inútil; la idea misma de mapa sólo funciona con dramáticas reducciones de escala. De nuevo, cualquier semejanza con el acto de proyectar no es una coincidencia: que son nuestros diseños sino reducciones de una realidad que se quiere dominar?

De esta forma, en un diagrama se superponen múltiples y paralelas vertientes históricas, así como sus interconexiones y superposiciones. En resumen, se visualizan las pluralidades existentes y se percibe que la historia que se está presentando aquí es provisional e interminable.

PRESENTACIÓN

Entre 2015 y 2018, tuve el honor de haber sido invitado a dar conferencias y exhibir la exposición en 26 oportunidades en trece países y tres continentes. Las conferencias en 2015 ocurrieron en Austin, Fortaleza, Madrid, Milán, Múnich, Rio de Janeiro, São Paulo, São Carlos, Fort Lauderdale, Monterrey y Morelia. En 2016 las conferencias continuaron en Florianópolis, Recife, Santiago, João Pessoa y Bogotá. En 2017 en Campina Grande, Montevideo, Buenos Aires, Belém, Belo Horizonte y Cuenca. En 2018 en Atenas y Moscú.

Tras el recogido por estas 26 ciudades, aprendí que el continente americano tiene una cantidad de características comunes aún poco exploradas. Brasil no es una isla, y sus espacios construidos son en mayor o menor grado muy parecidos con espacios de los otros países de las Américas.

Existe, sin embargo, una excepcionalidad del caso brasileño, y este es el eje central de este libro. La escala de la diseminación y de la apropiación popular del vocabulario y de la espacialidad moderna en Brasil es impar, efectivamente excepcional.

NOTAS

NA. En este libro utilizo los términos *alta* y *baja* arquitectura como traducción del inglés *high* and *low*. Aunque consciente que estas palabras no sean normalmente utilizadas en la lengua española para referirse a arquitecturas de elite y arquitecturas populares. Entiendo por *alta* toda manifestación arquitectónica, diseñada por arquitectos diplomados y dirigida a un público de altos ingresos y a veces publicados en revistas especializadas. Por *baja* entiendo la arquitectura dicha vernácula, construida sin la participación de arquitectos diplomados, y que constituye la gran mayoría del tejido de las ciudades de América Latina. No me parece correcto decir *arquitectura culta* por entender que cultura tenemos todos. Tampoco me gusta escribir *arquitectura vernácula* porque, como discutido en los primeros tres capítulos del libro, el vernáculo presupone una absorción y difusión que no siempre está presente en la totalidad del tejido que se opone a esta arquitectura de elite.

1. Fernando Luiz Lara, "Converging Income Inequality in Brazil and the United States: Some Uncomfortable Realities," *Inequalities*, Febrero 23, 2013, https://inequalitiesblog.wordpress.com/2013/02/23/converging-income-inequality-in-brazil-and-the-united-states-some-uncomfortable-realities/; Fernando Luiz Lara, "Brazil and the USA, Getting Closer in all Dimensions," *Portal* 9, 2014, 5, https://repositories.lib.utexas.edu/bitstream/handle/2152/62733/2Portal_issue9_2014_Lara.pdf?sequence=3.

2. Jorge Francisco Lineur, "Foreword," in: *Modern Architecture in Latin America: Art, Technology and Utopia*, orgs. Luis Carranza y Fernando Lara (Austin: University of Texas Press, 2015).

3. *OTANcentrismo* es un término que pienso haber sido publicado por primera vez por este que vos escribe, en 2014 para referirme a concentración de ejemplos de arquitectura moderna en las dos márgenes del Atlántico Norte. El mapa diseñado por mí en 2005 fue basado en la locación de todos los edificios mencionados en las compilaciones de Frampton, Curtis, Cohen y Scully.

4. Fernando Luiz Lara, *The Rise of Popular Modernist Architecture in Brazil* (Gainesville: University of Florida Press, 2008).

5. Felipe Hernandez, "The Rise of Popular Modernism in Brazil (review)," *The Americas* 66/4, Abril 2010, 580-582. Traducción libre.

6. Fernando Luiz Lara, "Brazilian Popular Modernism: Analyzing the Dissemination of Architectural Vocabulary," *Journal of Architectural and Planning Research* 23/2, 2006, 91-112.

7. Fernando Luiz Lara, "Dissemination of Design Knowledge: Evidence from 1950s Brazil," *The Journal of Architecture* 11/2, Verano 2006, 241-255.

8. Fernando Luiz Lara, "Modernism Made Vernacular: The Brazilian Case," *Journal of Architectural Education* 63/1, Londres, Otoño 2009, 41-50.

9. Una investigación en el índice general del *Journal of Architectural Education*, el más prestigioso periódico de arquitectura de los Estados Unidos, revela que estes dos son los únicos dos artículos originales publicados por un autor brasileño. Fernando Luiz Lara, "One Step Back for Two Steps Forward: The Maneuvering of the Brazilian Avant-garde," *Journal of Architectural Education* 55/4, Londres, 2002, 211-219; Fernando Luiz Lara, "Modernism Made Vernacular: The Brazilian Case," *Journal of Architectural Education* 63/1, Octubre 2009, 41-50.

10. Fernando Luiz Lara, "The Form of the Informal: Investigating Brazilian Self-Built Housing Solutions," in: *Rethinking the Informal City: Critical Perspectives from Latin America*, orgs. Felipe Hernández, Peter Kellett y Lea Allen (Oxford/Nueva York: Berghan Books, 2010), 23-38.

11. Fernando Luiz Lara, "Illiterate Modernists: Tracking the Dissemination of Architectural Knowledge in Brazilian Favelas," in: *Housing and Belonging in Latin America*, orgs. Christien Klaufus y Arij Ouweneel (Oxford/Nueva York: Berghan Books, 2015).

12. Karl Popper y David Miller, orgs., *Popper Selections* (Princeton: Princeton University Press, 1985); Imre Lakatos, "Falsification and the methodology of scientific research programmes," in: *Can Theories be Refuted? Essays on the Duhem-Quine Thesis*, org. Sandra Harding (Berlin: Springer, 1976).

13. Lara, *The Rise of Popular Modernist*.

14. Fernando Luiz Lara y Goma Oficina, "250 Arquiteturas Americanas. A instalação e o manifesto," *Resenhas Online* 193.04, Vitruvius, Enero 2018, http://www.vitruvius.com.br/revistas/read/resenhasonline/18.193/684.

15. William Lim y Chang Jiat-Hwee, orgs., *Non West Modernism Past* (Singapore: World Scientific, 2011), 69-78.

16. Fernando Luiz Lara, "Utopias incompletas," *Architectural Research Quarterly* 15/2, Agosto 2011.

17. Fernando Luiz Lara, "Sobre la Invisibilidad de la Madera: Arquitectura Moderna en Brasil," *Ciudad y Arquitectura* 150, Otoño 2012, 48-51.

PRESENTACIÓN

18. Fernando Luiz Lara, "Reinventando a América/Reinventando la America," in: *Anais do Fórum Jovens Arquitetos Latino-Americanos: inserções numa realidade periférica* (Fortaleza: Expressão, 2013), 34-47.

19. Fernando Luiz Lara, "Imprecise Cartographies. Mapping contemporary architecture in the Americas," *Arquitextos* 150.02, Vitruvius, Noviembre 2012, http://www.vitruvius.com.br/revistas/read/arquitextos/13.150/4507; Fernando Luiz Lara, "Imprecise Cartographies. Mapping Contemporary Architecture in the Americas," *Bamboo*, 2013, 56-57.

20. Fernando Luiz Lara, "O outro do outro: arquitetura moderna na América Latina," *AU – Arquitetura e Urbanismo* 254, Mayo 2015, 121-123.

21. Fernando Luiz Lara, "Continuidades y Rupturas en la Arquitectura Contemporánea Brasileña," *Plot* 24, Mayo 2015, 168-172; Fernando Luiz Lara, "Continuidades y Rupturas en la Arquitectura Contemporánea Brasileña," in: *Architectural Guide Brazil*, orgs. Laurence Kimmel, Bruno Santa Cecilia y Anke Tiggermann (Berlin: DOM Publishers, 2014).

22. Edmundo O'Gorman, *The Invention of America: An Inquiry into the Historical Nature of the New World and the Meaning of Its History* (Bloomington: Indiana University Press, 1961); Enrique Dussel, *Filosofía de la Liberacion* (Bogotá: Edicol, 1977).

23. Arturo Escobar, *Encountering Development: The Making and Unmaking of the Third World* (Princeton: Princeton University Press, 2011); Walter D. Mignolo y Arturo Escobar, orgs., *Globalization and the Decolonial Option* (Londres: Routledge, 2013).

PENSAMIENTO DE LA AMÉRICA LATINA

EXCEPCIONALIDAD DEL MODERNISMO BRASILEÑO

DIFUSIÓN DEL VOCABULARIO MODERNO

TRADUCCIÓN DE LENA IMPÉRIO

CUANDO PENSAMOS EN UN VOCABULARIO ARQUITECTÓNICO Y EN SU DISEMINACIÓN, CON FRECUENCIA ESTÁ IMPLÍCITO UN ENFOQUE INTERNO A LA DISCIPLINA, EN EL QUE LA INFORMACIÓN CIRCULARÍA ENTRE ARQUITECTOS ACADÉMICOS Y PROFESIONALES. ESTE ARTÍCULO UTILIZA EVIDENCIAS DE LO QUE SUCEDIÓ EN BRASIL EN LA DÉCADA DE 1950 Y PRINCIPIOS DE 1960 PARA AMPLIAR LA IDEA DE LA DISEMINACIÓN

de tal vocabulario, más allá de los límites de la disciplina y práctica de la arquitectura. Eso significa rastrear y comprender cómo los elementos e ideas espaciales son diseminados, penetrando en estratos sociales que generalmente no interactúan directamente con un arquitecto. En el caso de la clase media brasileña, a mitades del siglo 20 estos elementos aparecen en casas cuyas edificaciones se hacen solamente con la ayuda de trabajadores de la construcción, profesionales poco calificados.

Esa evidencia de un vocabulario que se disemina más allá de los límites de lo que tradicionalmente se considera arquitectura puede contribuir a la discusión contemporánea sobre la naturaleza del vocabulario moderno. Tal fenómeno se ha denominado arquitectura vernácula, o de manera más adecuada, entorno construido, por falta de un término más específico que denote aquellos ambientes no diseñados por arquitectos. Si creemos que el vocabulario arquitectónico es, de alguna manera, conocimiento, entonces este conocimiento no se debe restringir a aquellos con licencia en el Concejo de Arquitectura. El argumento principal en este primer capítulo es que el vocabulario formal sí se difunde, en mayor o menor medida, y el estudio de cómo eso sucede ayudará a comprender algunas de las características únicas de este vocabulario.

EL CASO BRASILEÑO: DISEMINACIÓN
POPULAR DEL MODERNISMO

En Brasil, durante toda la década de 1950, los arquitectos estaban muy ocupados proyectando y construyendo – el país hervía como un grande cantero de obras. La consolidación urbano-industrial después de 1950 creó una cultura de mercado para la arquitectura.[1] Las oficinas gubernamentales estaban invirtiendo en una imagen moderna, y la arquitectura era una gran herramienta o conductora para conferir dicha imagen.[2] Esto sucedía desde el gobierno de Getúlio Vargas en la década de 1930, pero con la presidencia de Jucelino Kubitschek (1956-1961) alcanza una intensidad que nunca antes había alcanzado, galvanizando a toda la sociedad en torno a la idea de modernización. El optimismo de aquellos tiempos fue reforzado por el reconocimiento internacional de la calidad de la arquitectura moderna brasileña.[3]

La arquitectura de aquellos días tuvo un gran impacto en la forma cómo las ciudades brasileñas se ven hoy en día, casi setenta años después. Caminando por los barrios residenciales de las principales ciudades brasileñas, no se puede evitar notar una repetición de ciertos elementos arquitectónicos empleados en muchas fachadas. Los tejados a menudo se inclinan hacia adentro. Innúmeras losas de hormigón flotan sobre las entradas sostenidas por finas columnas de metal. Los azulejos en colores pasteles cubren la mayoría de las superficies frontales de las casas. La sombra y la ventilación son proporcionadas por brise-soleils o bloques vacíos moldeados en cerámica u hormigón.

La insistente repetición de estos elementos fue lo que primero llamó la atención del autor sobre la amplitud de la aceptación del modernismo en Brasil. Como lo muestra la historiografía, en América Latina en general y en Brasil en particular, la arquitectura moderna alcanzó un valor nítido de identidad.[4] También es de conocimiento común que la arquitectura moderna

Fachada modernista documentada en Belo Horizonte.
Foto Fernando Luiz Lara

fue fuertemente influenciada por los ideales de Le Corbusier y de la Bauhaus, pero de alguna manera logró una diseminación más amplia. Los ejemplos sobresalientes de las década de 1940 y 1950, bautizados como "pioneros anti-racionalistas" por Nikolaus Pevsner,[5] o "enraizados" por Sigfried Giedion,[6] que combinaban la vanguardia modernista y el patrimonio colonial, pueden considerarse un éxito en términos de aceptación popular.

DESDE LA PERSPECTIVA DE LA DISEMINACIÓN DEL VOCABULARIO, QUE ES EL ENFOQUE DE ESTE ENSAYO, ES INTERESANTE DARSE CUENTA QUE DICHA ACEPTACIÓN ES, EN TÉRMINOS PRÁCTICOS, UN INTERCAMBIO FÉRTIL DE INFORMACIÓN ENTRE LOS PROYECTISTAS Y LA POBLACIÓN EN GENERAL.

Si bien la mayor parte de este intercambio ocurría con legos que imitaban la estética modernista como receptores de tal información, eso también lo hizo la primera generación brasileña de arquitectos modernistas. Estos arquitectos adaptaron las ideas de Le Corbusier y de la Bauhaus a la realidad material y cultural brasileña, y como resultado, establecieron una relación bidireccional, aunque limitada por sus propias ideas preconcebidas sobre qué debería ser la arquitectura.

DIFUSIÓN DEL VOCABULARIO MODERNO

En la mayoría de los países, la arquitectura moderna nunca ha sido popular. Esta declaración se encuentra entre las razones más publicitadas del fracaso del modernismo.[7] En Brasil en la década de 1950, sin embargo, el modernismo fue muy popular. De hecho, la arquitectura estuvo en el núcleo de la identidad nacional moderna y jugó un papel muy importante en la cultura brasileña de aquella época.[8] En Brasil, la década de 1950 fue un momento único para el desarrollo de la imagen propia de la nación. Esto se debió no sólo al éxito de su arquitectura moderna en el exterior, sino también a su optimismo, su relativa estabilidad política y económica, y a la aceleración de un modelo nacional desarrollista,[9] especialmente en la segunda mitad de la década.

El caso brasileño se vuelve aún más singular cuando consideramos la división que coloca en un lado el modernismo, el arte erudito, los edificios institucionales y comerciales, y en el otro los estilos tradicionales, la cultura popular y las casas unifamiliares.[10] Tal división, entre un lugar tradicional para vivir y un lugar modernista para trabajar, ha sido una marca registrada de la arquitectura moderna de América del Norte.[11] Aunque algunos colegas argumentarían en favor de una definición más restricta del vocabulario moderno, excluyendo la diseminación popular, el hecho de que la clase media brasileña de la década de 1950 adoptara el modernismo como su estilo deseado y de moda es un desvío muy intrigante, un fenómeno que merece estudio e investigación, y que contribuye a la literatura sobre la arquitectura del siglo 20.

LA EVIDENCIA: DOCUMENTANDO LAS CASAS

La recopilación de datos que respalda este análisis se llevó a cabo entre 1998 y 2006, en la ciudad de Belo Horizonte, Brasil. Se optó por un enfoque sistemático, desarrollado primero para una disertación doctoral,[12] y luego expandida en algunos proyectos de investigación. Se eligió Belo Horizonte por ser la capital de un departamento conservador, que estaba en pleno desarrollo en la década de 1950, y también por ser el lugar de ubicación de los famosos edificios del Conjunto Arquitectónico de Pampulha,[13] proyectados por Oscar Niemeyer. La recolección inicial de datos consistió en fotografiar alrededor de cien edificios desde la calle (en julio de 1998). Posteriormente se hizo un recuento más detallado de quinientos edificios, realizado en 1999, que incluyó fotografías y un formulario sobre características formales de la parte externa de cada edificio. Además, se recuperaron treinta planos originales en el archivo municipal y, partiendo de esa pequeña muestra, se entrevistó a 21 propietarios originales que proyectaron su propia casa en la década de 1950, así como también se documentó el interior de estas casas – lo que se discutirá en los capítulos 2 y 3 de este libro. Más tarde, en 2002-03, una beca del Conselho Nacional de Desenvolvimento Científico e Tecnológico – CNPq me permitió documentar doscientas casas más (exterior e interior), esta vez incluyendo casas diseñadas por destacados arquitectos locales,[14] proyectadas para clientes opulentos, y que fueron utilizadas como modelos por la población en general.

La gran mayoría de las casas documentadas no fueron diseñadas por arquitectos, sin embargo presentaban elementos modernistas reapropiados. Construidas por los mismos propietarios con la ayuda de un maestro de obras y/o de trabajadores de mano de obra no calificada, las casas muestran una ingeniosa adaptación y aplicación del vocabulario modernista. Por lo general muchas de las casas estudiadas fueron construidas en lotes de 12m x 30m, con una fachada de nueve u ocho metros de ancho. A pesar de los estrechos lotes, estas casas presentan composiciones de fachadas bastante complejas, generalmente con uno o dos volúmenes principales definidos por diferentes pendientes de la cubierta, y otros elementos secundarios que completan la fachada.

Aunque los edificios de la Pampulha y algunas de las casas de las clases altas diseñadas por arquitectos usan grandes paneles de vidrio, en las viviendas de clase media las ventanas son generalmente más pequeñas. La proximidad de los vecinos (por los lotes estrechos) y la actitud conservadora hacia la privacidad de la familia explican la ausencia de paneles de vidrio más grandes en las fachadas. El tema de la privacidad también está relacionado con el uso de la marquesina o de *varandas*. La *varanda*, o galería, es normalmente una adición abierta y cubierta que sirve como una transición entre el espacio público y el privado, utilizada en la arquitectura brasileña para ampliar el área de sombreado, protegiendo la fachada del sol y de la lluvia. En estas casas modernistas, la marquesina desempeña el papel de la galería, cerrada o no. Inclinada en muchas pendientes diferentes, y adaptada a muchas formas distintas, la marquesina se toma directamente de edificios del Conjunto Pampulha, también soportadas por columnas de acero muy finas. Las delgadas columnas de acero refuerzan la ligereza de las marquesinas inclinadas, y ayudan a definir el espacio de transición debajo de ellas. Un patrón muy interesante que se pudo discernir es que cada cubierta plana casi siempre se acompaña de una marquesina inclinada. Lo contrario también es cierto porque la cubierta inclinada a menudo va acompañada de una marquesina plana. Este nivel de ingenio de composición es lo que promovió una investigación más detallada sobre la diseminación de ese vocabulario.

También para protegerse del sol y aumentar la privacidad, se usan brise-soleils, de muchas formas, materiales, y en posiciones diferentes. Algunos se colocan directamente en el plano de la fachada, protegiendo la ventana, como en la Capilla de la Pampulha. Otros se desprenden del plano de la fachada, avanzando sobre las galerías o acompañando los aleros del techo. Los ladrillos huecos son usados también como un tipo de brise-soleil, funcionando como un panel fijo que define las galerías o que ventila los garajes o techos. Por último, pero no menos importante, las casas modernistas adoptaron el azulejo como material de revestimiento externo. Utilizado antes por las casas portuguesas de los siglos 17 y 18, los azulejos fueron redescubiertos por los modernistas en el edificio MES[15] y fueron usados abundantemente en los edificios de la Pampulha. Lanzado por la industria de materiales de construcción, los azulejos en colores vivos estaban disponibles en pequeñas unidades (pastillas de 1cm x 1cm), o en formatos cuadrados decorados (azulejos de 10cm x 10cm o 12cm x 12cm). Los azulejos, combinados profusamente en la composición de la fachada, se convirtieron, junto con la cubierta invertida, la marquesina y las delgadas columnas de acero, en la marca registrada de ese período arquitectónico.

Sin embargo, la distribución interior de esas casas indicaba que a pesar de una fachada muy moderna, el estilo de

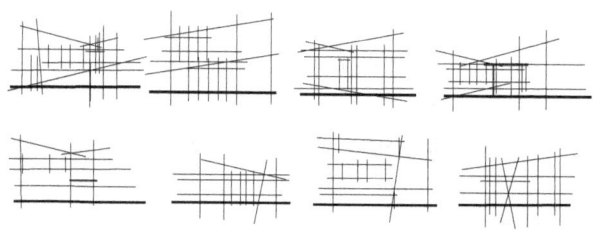

Diagramas de composición de fachada de algunas de las casas documentadas. Diseños Fernando Luiz Lara

vida de las familias cambiaba a un ritmo mucho más lento. La primera impresión al ingresar a algunas de las casas fue que la modernidad se mantuvo afuera. En general el interior de las casas modernas o tradicionales tenían poca diferencia; las más recientes empezaban a seguir el mismo patrón de distribución y organización de la planta o layout. Solamente en un pequeño número de casas las características interiores coincidían con el modernismo exhibido en sus fachadas.

El primer análisis (de 1999 a 2001) demostró que en la década de 1950 solamente las casas de altos recursos presentaban una configuración espacial más moderna, en la que las habitaciones privadas y los baños estaban separados de los espacios comunes, como el comedor, la sala y la cocina. La mayoría de las casas construidas en la década de 1950 en Belo Horizonte presentaban una planta muy tradicional, con habitaciones que se abrían directamente al comedor, y áreas húmedas de baño y cocina ubicadas en la parte posterior del edificio: una reminiscencia de la tradición de la construcción brasileña del siglo 19. A menudo la planta tradicional tenía una fachada muy modernista, añadiendo un nivel de complejidad a los fenómenos de diseminación del vocabulario moderno.

Sin embargo, la recopilación de datos adicionales (durante 2002-03) reveló que la diseminación de los elementos de la fachada ocurrió primero (principalmente en la década de 1950), mientras que los arreglos espaciales modernistas solo fueron apropiados más adelante, en la década de 1960. Las plantas de las casas de los años 1960 revisadas muestran que la configuración espacial de la clase media se mueve gradualmente hacia las plantas diseñadas por los arquitectos. Esto se puede percibir en la creciente privacidad asignada a los dormitorios que ahora se conectan a un pequeño corredor y que, por lo tanto, no se abren directamente a las áreas sociales. Paralelamente, la cocina ya no se encuentra en la parte posterior, sino que se ubica al frente y se conecta con el comedor y la sala de estar. La integración de la cocina indica que el trabajo doméstico ahora se realiza como parte de la vida familiar en lugar de ser una tarea exclusivamente de los sirvientes y/o mujeres. No es que de repente la carga de trabajo en el hogar haya sido compartida en partes iguales, pero esas relaciones espaciales sugieren transformaciones en los arreglos del hogar, que representan un movimiento gradual (aunque lento) en esa dirección.[16]

Tal evidencia se ajustaría a una tesis más amplia de que los elementos de la fachada siguen un patrón de diseminación más cercano a los cambios de moda, con un estilo preferido que supera el anterior paradigma estético a cada dos décadas. Por otro lado, los cambios en los estilos de vida de las personas que reflejarían las transformaciones espaciales, ocurren mucho más lentamente, aunque sean más permanentes y menos volátiles.

EL DEBATE ARQUITECTÓNICO EN LA DÉCADA DE 1950

Otra faceta interesante de la diseminación del vocabulario moderno en Brasil en la década de 1950, y que podría ser útil para la discusión contemporánea, es el hecho de que la mayoría de los arquitectos no la notaron (o peor, la notaron pero la ignoraron) mientras que sucedía. Un análisis de los editoriales de Eduardo Guimarães en *Arquitetura e Engenharia*, la revista de arquitectura líder en Belo Horizonte,[17] puede proporcionar muchas pistas sobre el debate arquitectónico de mediados del siglo 20 en Brasil.

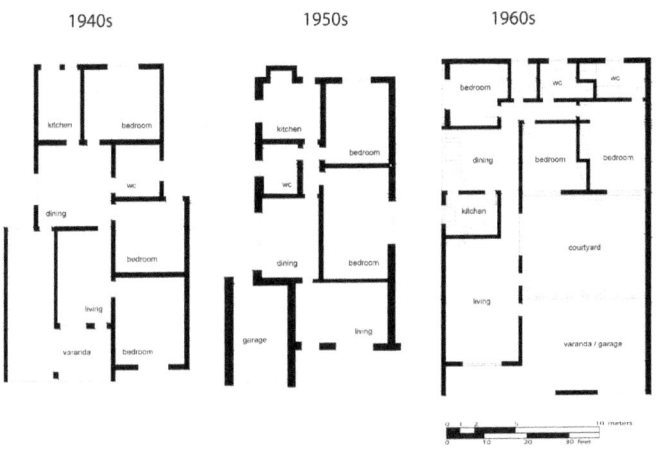

Evolución de la espacialidad moderna. Diseños Fernando Luiz Lara

En 1952, en uno de sus primeros editoriales, Guimarães reconoció que la arquitectura brasileña todavía estaba entre las principales fuerzas del mundo, pero el aislacionismo, la autosuficiencia, el expresionismo, y lo que él llamaba "fiebre del formalismo" ya estaba socavando su excelencia. Dos años más tarde, en mayo de 1954, Guimarães sostenía que los críticos europeos y norteamericanos se estaban volviendo indiferentes al modernismo brasileño y lo retrataban como un descendiente tardío de Le Corbusier. Defendió lo que vio como la contribución brasileña original a la arquitectura moderna: ingenio, imaginación, plasticidad y ligereza. Guimarães veía estos elementos utilizados en programas más populares, improvisando su "componente humano y social." Los programas sociales fueron el tema de su editorial una vez más en septiembre de 1954, cuando abogó por la "inclusión de los hombres comunes como clientes del arquitecto."[18]

Alrededor de 1955, el diseño y la construcción de Brasilia se convirtieron en tema frecuente de sus editoriales. Guimarães escribió dos veces criticando a Le Corbusier por ofrecer sus servicios al presidente Kubitschek, y clamando por un concurso – que sucedió en 1956. Los editoriales de Guimarães muestran la variación de los principales temas del contexto internacional y local. Antes de 1955, muchos editoriales debatían sobre temas europeos y norteamericanos, y exploraban sus conexiones con la arquitectura brasileña. Le Corbusier y Frank Lloyd Wright fueron mencionados a menudo en relación con las tendencias contemporáneas en Brasil, y la arquitectura brasileña más reciente fue analizada y evaluada en comparación con edificios e ideas internacionales. Sin embargo, después de 1955, los temas nacionales dominaron su agenda de redacción editorial. La construcción de Brasilia se convirtió en el tema principal, acompañado por otros problemas locales que involucraban la regulación profesional y el currículo educativo. Las ideas internacionales estaban cada vez menos presentes, como si Brasilia ofuscara todo lo demás. Es comprensible que la tarea hercúlea de construir una nueva capital en el interior del país ocupara las mentes de todos los arquitectos brasileños. Especialmente en Belo Horizonte, ubicada geográficamente entre la antigua y la nueva capital, el constante movimiento de arquitectos y otros profesionales involucrados en la construcción de Brasilia debe haber sido impactante. Otras revistas profesionales, como *Módulo*, o revistas semanales como *Manchete* y *O Cruzeiro*, muestran que la construcción de la capital fue un tema frecuente en todos los medios de comunicación. Con sus editoriales, Guimarães dejó un recuento invaluable de todas las preocupaciones e indagaciones de los arquitectos de la década de 1950. Si en la primera mitad de la década la escena arquitectónica internacional estaba muy presente, en la segunda mitad, Brasilia absorbe toda la energía y borra todo lo demás.

Más allá del cambio de tono extranjero/local, Guimarães mencionó sólo una vez la apropiación popular del vocabulario modernista. En tal ocasión, él vio en esa diseminación una degeneración hecha por un público no *preparado* para recibir la arquitectura moderna. El mismo Guimarães, que tenía una percepción aguda sobre la autosuficiencia de la arquitectura brasileña, vio la difusión del vocabulario modernista como una degeneración mimética. En ese mismo editorial escribió sobre Niemeyer: "su trabajo generó una ola de mimetismo formal entre los arquitectónicos analfabetos, no preparados para recibir un choque tan violento de una creatividad genial."[19]

Tal vez con miedo de perder el control y/o la autoridad sobre el conocimiento arquitectónico, o más probablemente porque las casas autoconstruidas no eran consideradas arquitectura seria, la mayoría de los arquitectos brasileños tenían un juicio negativo de la diseminación que florecía en aquel momento. Zilah Quezado Deckker cita al crítico brasileño Geraldo Ferraz señalando que ya en 1945 "el uso indiscriminado del idioma moderno estaba socavando la calidad de la arquitectura,"[20] una respuesta típica de los arquitectos de la época. Haciendo eco de Lúcio Costa, y tantos otros arquitectos (incluso hoy en día, sesenta años después), la mayoría de los arquitectos dirían que "lo que distingue a la arquitectura de la mera construcción es su intención plástica."[21] Es debatible si las casas de clase media con fachadas modernistas tenían una intención plástica bien definida o no, pero el punto importante aquí es que esas casas fueron vistas negativamente por casi todos los arquitectos brasileños, excepto en un único registro.

DIFUSIÓN DEL VOCABULARIO MODERNO

Si bien la mayoría de los arquitectos criticaron tal apropiación popular, y no percibieron el poder del vocabulario modernista adoptado por la clase media, João Batista Vilanova Artigas manifestó una evaluación diferente. En un discurso de graduación en 1956, publicado en una colección de sus escritos, dijo:

"Vemos, por otro lado, que las nuevas expresiones arquitectónicas de Brasil están siendo aceptadas por las masas, incluso cuando se presentan en sus formas más audaces. Incluso podemos decir que los brasileños abren un crédito de confianza a los arquitectos. [...]

En la vulgarización misma de ciertos logros de la arquitectura moderna brasileña, debemos ver un reflejo de una simpatía general hacia el esfuerzo de renovación y las soluciones que propone. Hay quienes ven la rápida aceptación y reproducción de ciertas formas de construcción sin suficiente asimilación crítica o elaboración creadora, como un síntoma de decadencia. La democratización de los logros de la arquitectura debe verse como un deseo ardiente, de las masas, de adquirir un nuevo lenguaje arquitectónico."[22]

Es sintomático que Artigas, miembro del Partido Comunista Brasileño y líder de la escuela paulista (que se estaba formando a su alrededor en la Facultad de Arquitectura de la Universidad de São Paulo – FAU USP) fuera el único que valorara la apropiación popular. Su sensibilidad hacia temas de orientación social podría haber ayudado a enmarcar su visión positiva sobre la diseminación del vocabulario fuera de los límites tradicionales de la arquitectura – pero esa no puede ser la única explicación para ese hecho, ya que otros arquitectos de izquierda fueron tan prejuiciosos como los más conservadores. Lo que puede explicar la singular observación de Artigas es una capacidad excepcional para ver el panorama general, y una naturaleza de liderazgo que lo convirtió en el arquitecto más importante del siglo 20 en São Paulo.

Incluso cuarenta años más tarde, los eruditos escribirían sobre estos fenómenos definiéndolos como kitsch[23] y no se molestarían en profundizar sobre las raíces de esa aceptación popular. Pero aparte del vocabulario modernista que se aproxima a la clase media, y como también lo señaló Artigas, Brasil era el país del fútbol, de la música y de la arquitectura.[24] Es bastante melancólico darse cuenta de que setenta años después, seguimos siendo el país del fútbol y de la música, pero hemos dejado atrás la arquitectura.

ENTRE LA ARQUITECTURA POPULAR Y ERUDITA: UN DIÁLOGO POSIBLE

A pesar de ser percibida más como kitsch/degeneración que como elogio/éxito, la amplia diseminación del vocabulario arquitectónico y de los arreglos espaciales plantea un par de puntos muy interesantes. Con respecto a la relación entre la arquitectura y la cultura popular (uno de los principales desafíos de la teoría arquitectónica contemporánea), se percibe una brecha entre los campos. Como afirma Andreas Huyssen la "modernidad siempre ha tenido una relación volátil entre el arte erudito y la cultura de masas." El autor luego desarrolla la idea de que la vanguardia había propuesto una relación alternativa entre ambas.[25] Otro aspecto importante de la dicotomía erudito/popular es el intercambio de ideas y tendencias entre los dos polos. El famoso ensayo de Kenneth Frampton sobre el regionalismo crítico, por ejemplo, enfatiza una dirección de este movimiento, la de los arquitectos que toman conscientemente elementos del entorno vernáculo construido.[26] Sin embargo, la apropiación de la arquitectura erudita por parte de los legos no ha recibido mucha atención, siendo percibida como indigna del interés arquitectónica.[27]

Es ampliamente conocido que el modernismo ha enfatizado las manifestaciones eruditas con poca apropiación popular. Como los defensores posmodernos han declarado desde el principio, el modernismo nunca ha sido popular.

UNA DE LAS PRINCIPALES IDEAS DETRÁS DE ESTE ENSAYO ES QUE EN BRASIL LA ECUACIÓN ERUDITO/POPULAR EN LA ARQUITECTURA HA SIDO DIFERENTE DEBIDO A ESTA DISEMINACIÓN SIN PRECEDENTES.

Con el fin de ubicar dicha diseminación del vocabulario moderno en relación con esa paradoja alto/bajo en Brasil, se hace necesario formular cómo se discutía el tema en aquel momento. A partir de la Semana de Arte Moderna[28] en 1922, los intelectuales brasileños prestaban mucha atención a los temas de la cultura popular y al diálogo entre las manifestaciones eruditas y populares del arte. Los debates, sin embargo, estaban restringidos a una élite, como lo era el consumo de bienes culturales en ese momento. Según Renato Ortiz, la caracterización de lo popular en la cultura brasileña sólo ocurre después de la formación de un mercado de consumo de bienes culturales, hasta la década de 1950. Ortiz nos recuerda que a mediados de la década de 1930, no había una clase media para sostener el desarrollo de una "cultura brasileña."[29] Esa afirmación se apoya en la tesis de Néstor García Canclini, de que América Latina en general, y Brasil en particular, tenían un modernismo exuberante con una modernización deficiente, ya que solo una pequeña parte de la población estaba inmersa en la modernidad real.[30]

Tanto García Canclini como Ortiz reconocieron que un arte verdaderamente popular solo existiría cuando se alcanzara un público popular. Los modernistas de las décadas de 1920 y 1930 tenían en mente a la gente común, y a menudo los retratan en sus obras de arte, ya sea literatura, pintura o música. Pero la audiencia de esas obras de arte seguía siendo la élite ilustrada, y eso solo cambiaría con las mejoras de los medios de comunicación y el ascenso de la clase media en la década de 1950. En estos términos, la producción cultural de los primeros modernistas en Brasil fue muy unidireccional, con artistas que buscaban inspiración en el dominio popular. Por otro lado, la población en general no accedía a las altas manifestaciones artísticas. Las clases trabajadoras estaban presentes en los libros y en las pinturas, pero nunca vieron o leyeron esas obras.

Incluso en la década de 1950, dos de las realizaciones más significativas de la cultura brasileña, la música y el cine, sufrieron el mismo problema de no lograr un público más amplio.

La mundialmente aclamada bossa-nova, tan famosa por mezclar el jazz norteamericano con la samba brasileña, nunca ha sido un éxito en los barrios pobres donde nació la samba. Un fenómeno de la clase alta urbana, la bossa-nova fue producida y consumida por una clase media alta en la Zona Sur de Rio de Janeiro, y se extendió a otras audiencias opulentas en las principales ciudades brasileñas. El movimiento cinematográfico conocido como *Cinema Novo* ha disfrutado de un público aún más reducido. Aunque el manifiesto temático de los directores de cine se basó en llevar el pueblo a la gran pantalla, la gran mayoría de los brasileños nunca tuvo la oportunidad de ver una película del *Cinema Novo*. Como recordó Randall Johnson, las masas estaban en la pantalla pero no en la audiencia del *Cinema Novo*.[31]

Una pregunta sigue: ¿En qué medida las artes estuvieron cercanas a la realidad brasileña en la década de 1950? Si los intelectuales y artistas brasileños hablaban de brasilidad y de identidad nacional de masas, ¿cómo funciona esta relación entre lo alto y lo bajo?

Uno de los beneficios del análisis de la diseminación del vocabulario modernista es que no se ajusta al patrón general de la dicotomía alto/bajo, lo que suma una problemática muy importante a este debate. Este fenómeno arquitectónico es una excepción, debido a una serie de diferencias, pero es una excepción que puede probar la regla. Al comparar la diseminación del vocabulario moderno con otras manifestaciones artísticas de la década de 1950 en Brasil,

SOY TENTADO EN AFIRMAR QUE FUE UN FENÓMENO ÚNICO QUE INVIRTIÓ ALGUNAS DE LAS RELACIONES TRADICIONALES ENTRE LO ALTO Y LO BAJO.

El vocabulario transmitido proviene de la alta arquitectura, que incluye elementos como: cubiertas invertidas, brise-soleils, columnas metálicas delgadas, azulejos y marquesinas. Los agentes son definitivamente populares – o bajos – ya que no hay arquitectos proyectando esas casas, aunque se encontraron, por medio de las entrevistas, otros diversos profesionales involucrados en el diseño y en la construcción. Pero a diferencia de otros encuentros entre lo alto y lo bajo, el tamaño y la naturaleza de la audiencia son muy diferentes, ya que miles de fachadas modernistas se pueden encontrar en cada barrio ocupado en los años de 1950. El hecho de que todos pueden ver esas fachadas, siendo tan público como cualquier otro objeto arquitectónico urbano, multiplica la audiencia aún más. No solo los propietarios participaban del proceso como productores, sino que casi la totalidad de la población urbana, que pasaba por esas casas a diario, estaba involucrada a la fuerza como receptora del mensaje, de una manera cercana a lo que Walter Benjamin explicó como "percepción distraída."[32]

En resumen, con un medio derivado de la alta arquitectura y manipulado por agentes bajos, logrando una audiencia amplia, la diseminación brasileña del vocabulario modernista ocurrió en la dirección opuesta a la tradicional relación alto/bajo. El encuentro tradicional entre lo alto y lo bajo en la historiografía arquitectónica se refiere a un agente alto – el arquitecto – que deriva su vocabulario de algún entorno popular construido – o bajo –, y lo reorganiza en un edificio sofisticado para un público restricto.

En estos términos, el fenómeno aquí descrito es único al proporcionarnos un contraejemplo de lo que sería un puente exitoso entre el arte erudito y el arte para las masas, incorporando elementos de una arquitectura sofisticada muy aclamada, y difundiéndola a una parte significativa de la población brasileña. Esta es la excepcionalidad de la arquitectura brasileña que titula este libro. Pero en lugar de percibirlo como un puente útil, una herramienta para tocar las masas o un resultado exitoso del modernismo brasileño, los arquitectos lo vieron como una degeneración, imitación inútil o kitsch. O como lo expresan Adrian Forty y Elisabetta Andreoli, "los resultados arquitectónicos y urbanos del proceso de hibridación y transculturación en

América Latina han sido ampliamente menospreciados, por producir resultados que son impuros y empobrecidos."[33]

El motivo de ese rechazo viene del hecho de que ningún arquitecto participó en el diseño y construcción de esas casas, por lo que las consideran fuera del ámbito de la arquitectura que valga la pena estudiar. O, siguiendo a García Canclini, el problema es que, mientras que el arte alto valora la singularidad, la cultura popular valora el colectivo, la repetición.[34]

DISEMINACIÓN INVISIBLE: CÓMO PERCIBIR ALGO AFUERA DE NUESTROS LÍMITES

Uno de los principales obstáculos para reconocer la diseminación del vocabulario afuera de los límites disciplinarios de la arquitectura es que rara vez ella se manifiesta en una forma pura, la forma preferida por los arquitectos. Como afirma Tim Benton en el prólogo de *Brazil Built*, de Quezado Deckker, "los procesos por los cuales las ideas y los entusiasmos se mueven alrededor del mundo no se pueden describir adecuadamente mediante un modelo simple de transmisión y recepción."[35] En cambio, el nuevo vocabulario se mezcla libremente con otros elementos y combinaciones espaciales, como muestra el caso brasileño.

Frente a la insostenible complejidad de las múltiples capas de significado acumuladas en las últimas seis décadas, y dado que el exceso de información es a menudo contradictorio en términos arquitectónicos (por ejemplo, la superposición de varias renovaciones y adiciones a lo largo del tiempo), fue necesario apoyarse en estrategias de investigación no-arquitectónicas, como las entrevistas tradicionales, para orientarnos hacia los caminos de diseminación. Las 21 entrevistas realizadas en 1999 también dieron voz a quienes realmente *proyectaron* y construyeron las casas, y por lo tanto participaron tan activamente del proceso de diseminación como los arquitectos que diseñaron las casas de clase alta que funcionaban como modelos. Dado que el objetivo era conversar con los habitantes originales, la mayoría de las entrevistas se realizaron con personas mayores de setenta años, sobre hechos que sucedieron cincuenta años antes. A pesar de eso, la mayoría de los entrevistados tenían mucho que decir acerca de cómo y por qué construyeron de esa manera, y la información proporcionada fue crucial para entender la diseminación del proyecto. La mayoría de las entrevistas tomaron cerca de media hora de tiempo de grabación, y un recorrido a pie con los habitantes dio la oportunidad de observar el valor que le dan a cada una de las características espaciales. En general, los entrevistados también mostraron conocimiento sobre cuán moderna era la casa cuando se construyó. Todavía están muy orgullosos de sus casas; y en su discurso vemos que estaban aún más orgullosos cuando la casa era nueva. Ocho de los entrevistados hablaron sobre cuán moderna y hermosa era la casa, y cuán avanzado era el estilo para aquel momento. En sus recuerdos, frecuentemente mencionan el impacto que la casa tuvo en otras personas que pasaban. Por parte de cuatro de ellos, la misma declaración: que la gente solía comentar sobre lo moderna que era la casa.

Los relatos de los habitantes respaldan la información contextual derivada de las revistas y textos históricos, aunque de manera indirecta. Algunos entrevistados hablaron sobre la situación política o económica de aquellos tiempos; pues la forma en que hablan sobre sus casas revela muchas de sus impresiones del período.

Sin embargo, una de las cosas más impactantes que surgió de las entrevistas fue la multiplicidad de fuentes o caminos que la información arquitectónica ha seguido al viajar desde los edificios de alta tecnología hasta la apropiación popular. Se perciben al menos cuatro formas diferentes de diseminación de información: la influencia de edificios importantes, la influencia de los medios de comunicación, la influencia de una red personal y la simple mimesis de hogares más ricos.

Sobre el primer camino de información, me refiero a la influencia directa de los edificios públicos gubernamentales o comisiones privadas, como el Conjunto Pampulha, con edificios diseñados por Niemeyer en 1942, o como las casas de figuras famosas como el alcalde Juscelino Kubitschek, un proyecto también de Niemeyer, de 1947. Muchos de los entrevistados reconocieron que la inauguración de esos edificios tuvo un gran impacto en ellos; y que era común que las familias de clase media visitaran esos lugares públicos para picnics de fin de semana y otros recorridos turísticos.

La presencia de la arquitectura moderna en los medios de comunicación es la segunda fuente de influencia que se pudo reconocer. Se retrataba el modernismo como la forma de vida deseable, y aunque algunos entrevistados afirmaron no haber conocido las revistas, es improbable y casi imposible no dejarse influenciar por la constante exhibición de la arquitectura moderna en los medios.

Adicionalmente, directamente de las entrevistas se descubrió un tercer modo de diseminación de información. Un número significativo de entrevistados contó historias sobre un pariente que estudiaba ingeniería, un amigo que había comprado una casa nueva, un vecino que usaba algún tipo de azulejos o un hermano que trabajaba en una empresa de construcción. Todas estas personas que pertenecían a su red de familiares y amigos tenían contacto con la arquitectura moderna de una u otra manera. Ellos fueron los responsables por transmitir la información que se aplicó a los hogares de los entrevistados.

Una cuarta y también muy llamativa forma de transmisión de información revelada por las entrevistas fue la copia pura y simple de las casas construidas en las partes más ricas de la ciudad. Algunos entrevistados fueron sinceros y lo suficientemente abiertos para explicar que tomaron la idea de la galería de la casa de su jefe, o de la marquesina de la clínica a la que solían ir. Sin embargo, el hecho de que esas cosas sucedieron hace sesenta años y que la gente es generalmente tímida o siente vergüenza de admitir que copiaron algo de una casa más adinerada, hace pensar que este tipo de mimesis probablemente sea mucho más común.

Para resumir mis argumentos a la luz del contexto brasileño de la década de 1950, el optimismo generalizado, el crecimiento económico constante y una relativa estabilidad fueron los principales factores por detrás de la adopción del vocabulario modernista por parte de la clase media. Sin el crecimiento, la estabilidad y el consiguiente optimismo, la clase media brasileña probablemente no habría estado tan abierta y receptiva a esa nueva arquitectura, siguiendo a sus contemporáneos en el hemisferio Norte. El optimismo y la mejora en la autoimagen colectiva brasileña tenían una relación bidireccional con la arquitectura, ya que se había visto impulsada por el reconocimiento internacional de los edificios famosos, y terminó reflejándose en la amplia difusión de su vocabulario. Aunque muchas condiciones favorables convergieron en Brasil en aquel momento, permitiendo una diseminación tan extensa, el hecho mismo de que haya sucedido merece nuestra atención. Por lo menos puede abrir nuestros ojos para el hecho de que otras diseminaciones están ocurriendo ahora mismo, porque la arquitectura es pública y está a disposición de todos, construida con técnicas y materiales ampliamente disponibles.

La mayor parte de nuestro vocabulario arquitectónico es fácilmente recibido por muchos, aunque los arquitectos aún manipulan tal conocimiento mejor que nadie. La comprensión de cómo el vocabulario de diseño se disemina (o no) podría ayudarnos a ser más efectivos en relación a nuestra disciplina, y eventualmente contribuir a un mejor entorno construido. Como nos gusta bromear en Brasil, la buena arquitectura puede contaminar como un virus. El problema es que la mala arquitectura también lo puede hacer.

NOTAS

NE. Publicación anterior del texto: Fernando Luiz Lara, "Dissemination of Design Knowledge: Evidence from 1950s Brazil," *The Journal of Architecture* 11/2, Verano 2006, 241-255. Republicado en 2015, en edición especial de los veinte mejores artículos de los primeros veinte años (1995-2015) de este periódico inglés.

1. Glória Maria Bayeux, "O debate da arquitetura moderna brasileira nos anos 50" (tesis de maestría, FAU USP, 1991).

2. Hugo Segawa, *Arquiteturas no Brasil 1900-1990* (São Paulo: EDUSP, 1998); Carlos Alberto Ferreira Martins, "Identidade nacional e Estado no projeto modernista. Modernidade, Estado e tradição," in: *Textos fundamentais sobre história da arquitetura moderna brasileira – parte 1*, org. Abilio Guerra (São Paulo: Romano Guerra, 2010), 279-297; Adrián Gorelik, *Das vanguardas a Brasília: cultura urbana e arquitetura na América Latina* (Belo Horizonte: Editora UFMG, 2005).

3. Valerie Fraser, *Building the New World: Studies in Modern Architecture of Latin America, 1930-1960* (Londres: Verso, 2000); Jorge Francisco Liernur, "Latin America: The Places of the Other," in: *At the End of the Century: One Hundred Years of Architecture*, orgs. Richard Koshalek, Elizabeth A.T. Smith y Çelik Zeynep (Nueva York: Abrams, 1998).

4. Segawa, *Arquiteturas no Brasil*; Liernur, *Latin America*; Martins, "Identidade nacional."

5. Nikolaus Pevsner, "Modern Architecture and the Historian, or the Return of Historicism," *Journal of the Royal Institute of British Architects* 68, Abril 1961, 230-240.

6. Carlos Alberto Ferreira Martins, "Há algo de irracional... Notas sobre a historiografia da arquitetura brasileira," in: *Textos fundamentais sobre história* *da arquitetura moderna brasileira – parte 2*, org. Abilio Guerra (São Paulo: Romano Guerra, 2010), 133.

7. Brent C. Brolin, "The Cultural Roots of Modern Architecture," in: *The Failure of Modern Architecture*, org. Brent C. Brolin (Nueva York: Van Nostrand Reinhold, 1976); Oscar Newman, "Whose Failure Is Modern Architecture?" in *Architecture for People,* org. Byron Mikellides (Nueva York: Holt, Rinehart and Winston, 1980), 45-58; Robert Venturi, *Complexity and Contradiction in Architecture* (Nueva York: MoMA, 1966).

8. Hugo Segawa, "The Essentials of Brazilian Modernism," *Design Book Review* 32/33, Berkeley, 1994, 64-68; Fernando Luiz Lara, "Designed Memories, the Roots of Brazilian Modernism," in: *Memory and Architecture*, org. Eleni Bastea (Albuquerque: University of New Mexico Press, 2004), 79-98.

9. Boris Fausto, *História do Brasil* (São Paulo: EDUSP, 1998); Thomas Skidmore, *Brazil, Five Centuries of Change* (Nueva York: Oxford University Press, 1999).

10. Andreas Huyssen, *After the Great Divide: Modernism, Mass Culture, Post-Modernism* (Bloomington: Indiana University Press, 1986); Beatriz Colomina, *Privacy and Publicity* (Cambridge: MIT Press, 1996).

11. Joan Ockman, "Toward a Theory of Normative Architecture," in: *Architecture of the Everyday*, orgs. Steven Harris y Deborah Berke (Nueva York: Princeton Architectural Press, 1997), 122-152; Denise Scott Brown, "Architectural Taste in a Pluralistic Society," *The Harvard Architectural Review* 1, Cambridge, Primavera 1980, 41-51.

12. Fernando Luiz Lara, "Popular Modernism: An Analysis of the Acceptance of Modern Architecture in 1950s Brazil" (tesis de doctorado, University of Michigan, 2001).

13. Los edificios del Conjunto Arquitectónico de Pampulha de Oscar Niemeyer (capilla, casino, salón de baile y club yate) fueron encargados por el alcalde Juscelino Kubitschek en 1942. Vale la pena señalar que Kubitschek, cuando fue gobernador de Minas Gerais (1950-54) seguiría su relación con Niemeyer, y también como presidente (1955-60), teniendo a Brasilia como su principal logro.

14. Entre los principales arquitectos modernistas de Belo Horizonte se encontraban Raphael Hardy, Sylvio de Vasconcellos y Eduardo Mendes Guimarães. Su trabajo ha sido documentado en: Denise Bahia, "O sentido de habitar e as formas de morar: a experiência modernista na arquitetura residencial unifamiliar de Belo Horizonte" (tesis de maestría, EA UFMG, 1999).

15. El Ministerio de Educación y Salud – MES tenía a Le Corbusier como consultor en las primeras etapas de 1936 y luego fue diseñado por Lúcio Costa, Oscar Niemeyer, Affonso Eduardo Reidy, Carlos Leão y Jorge Moreira. Cuando se completó, en 1945, fue el primer edificio de gran altura que cumplió con los cinco puntos de Corbusier.

16. Es importante señalar que incluso hoy en los primeros años del siglo 21, los edificios de apartamentos para la clase media-alta brasileña todavía tienen un dormitorio de servicio como una necesidad programática.

17. *Arquitetura e Engenharia* fue la primera revista publicada en Belo Horizonte que tuvo la misma aprobación entre arquitectos proyectistas si comparada a la revista *Acrópole*, de São Paulo, o a la revista *Módulo*, de Rio de Janeiro, y fue particularmente respetada por su crítica y su visión más balanceada.

18. Respectivamente en: Eduardo Guimarães, "Para o gênio, incenso," *Arquitetura e Engenharia* 23, Belo Horizonte, Septiembre/Octubre 1952, 27; Eduardo Guimarães, "Editorial," *Arquitetura e Engenharia* 31, Belo Horizonte, Maio/Junio 1954, 25; Eduardo Guimarães, "Editorial," *Arquitetura e Engenharia* 32, Belo Horizonte, Julio/Septiembre 1954, 1. Traducción libre.

19. Guimarães, "Para o gênio." Traducción libre.

20. Zilah Quezado Deckker, *Brazil Built: The Architecture of the Modern Movement in Brazil* (Londres: Spon Press, 2001), 194. Traducción libre.

21. Lúcio Costa, "Texto sem título," *Arquitetura e Engenharia* 54, Junio/Agosto 1959. Traducción libre.

22. João Batista Vilanova Artigas (1956), "Aos formandos da FAU USP," in: *Arquitetura moderna brasileira: depoimento de uma geração*, org. Alberto Xavier (São Paulo: Pini, 1987), 245. Traducción libre.

23. Dinah Guimarães y Lauro Cavalcanti, orgs., *Arquitetura kitsch: suburbana e rural* (Rio de Janeiro: Paz e Terra, 1982).

24. João Batista Vilanova Artigas, *Caminhos da arquitetura* (São Paulo: Pini/FVA, 1986), 27.

25. Huyssen, *After the Great Divide*.

26. Kenneth Frampton, *Modern Architecture: A Critical History* (Londres/Nueva York: Thames and Hudson, 1992).

27. Como presentado en la introducción, tanto Kenneth Frampton como Stanford Anderson dijeron eso al autor personalmente.

28. La Semana de Arte Moderna fue una semana de exposiciones de arte, poesía y declamación de manifiestos en São Paulo, 1922, que se considera el punto de partida del modernismo brasileño.

29. Renato Ortiz, *A moderna tradição brasileira* (São Paulo: Brasiliense, 1988).

30. Néstor Garcia-Canclini, *Hybrid Cultures: Strategies for Entering and Leaving Modernity* (Minneapolis: University of Minnesota Press, 1995).

31. Randall Johnson y Robert Stam, orgs., *Brazilian Cinema* (East Brunswick: Associated University Press, 1982), 37.

32. Walter Benjamin, *Paris, Capitale du XIXe Siècle* (Paris: Allia, 2003).

33. Adrian Forty y Elisabetta Andreoli, orgs., *Arquitetura moderna brasileira* (Londres: Phaidon, 2004), 15. Traducción libre.

34. Garcia-Canclini, *Hybrid Cultures*, 173.

35. Tim Benton, "Foreword," in: Quezado Deckker, *Brazil Built*, xi. Traducción libre.

MODERNISMO VERNÁCULO

EL CASO BRASILEÑO

TRADUCCIÓN DE VICTORIA SANCHEZ

Estructura típica de los asentamientos informales brasileños.
Foto Fernando Luiz Lara

EL MODERNISMO COMO LO OPUESTO A LO VERNÁCULO

A partir de una perspectiva norteamericana, las palabras modernismo y vernáculo parecen incompatibles. Aprendimos con autores de formación bastante diversas, como Robert Venturi, N. J. Habrasken y Dell Upton, que las diferencias irreconciliables entre la arquitectura moderna y el gusto popular evitaron que el modernismo se relacionara con lo vernáculo.[1] En Estados Unidos, donde "parecían adoptar a la arquitectura moderna,"[2] este enamoramiento no duró más que aproximadamente quince años después de la Segunda Guerra Mundial, como lo recuerda Beatriz Colomina — un caso fugaz para el tiempo de la arquitectura. ¿Por qué los Estados Unidos habrían sido tan resistentes a la arquitectura moderna – particularmente en lo que se refiere al diseño domestico – si al mismo tiempo lideraban el mundo en un proceso de modernización de alta velocidad, después de la Segunda Guerra Mundial?[3] Cuando Nixon y Khrushchev tuvieron el célebre debate de la cocina sobre electrodomésticos modernos en Moscú, los norteamericanos ya habían elegido que sí querían los aparatos, pero no los espacios modernos correspondientes.

Mientras tanto, el vocabulario moderno se estaba popularizando en el mundo precisamente porque era asociado a la modernización y al progreso. ¿Qué podría explicar esa diferencia? O en otras palabras, ¿qué podría explicar el breve entusiasmo que el modernismo provocó en los Estados Unidos versus su enorme popularidad en buena parte del mundo? ¿Había algo indeseado inherente al modernismo? ¿O podría haber sido más popular si las condiciones fueran diferentes en los EE.UU.?

LA RELACIÓN CULTO/POPULAR

La arquitectura y la cultura popular tienen una relación compleja. La alta arquitectura, es decir, aquellos edificios tradicionalmente elegidos como dignos de ser investigados por parte de estudiosos de la arquitectura, diverge y converge intermitentemente en relación a la cultura popular.[4]

Se pueden asociar los orígenes de esa oscilación al Renacimiento y a la separación entre el arquitecto y el constructor, y entre la arquitectura y la construcción. Como lo recuerda Joseph Rykwert, en su introducción a la traducción de *De Re Aedificatoria*, de Alberti, "la diferencia esencial entre Alberti y Vitruvius es [...] que el antiguo escritor te cuenta como los edificios fueron construidos, mientras Alberti está prescribiendo como serán construidos los edificios del futuro."[5] Esa diferencia influye en la definición de la práctica arquitectónica desde entonces.

La búsqueda intelectual por el futuro implica el deseo de hacer algo distinto a lo que hacen los demás – ser original.

LA ARQUITECTURA NO ES LA ÚNICA DISCIPLINA MARCADA POR UNA RELACIÓN COMPLEJA Y GENERALMENTE VOLÁTIL ENTRE MANIFESTACIONES DE LA ALTA Y LA BAJA CULTURA, PERO CON EL DEVENIR DE LA MODERNIDAD, ESA SITUACIÓN SE ACENTUÓ.

El termino modernidad es empleado aquí para describir las transformaciones en la sociedad occidental pos-siglo 18,[6] a partir de de las cuales se amplió continuamente la brecha entre el arte erudito y el arte popular. Asimismo, el arte se transformó, progresivamente, más en un objeto de expresión individual que un *sensus communis*.[7] Esa precaria relación culminó en la aspiración modernista de usar el arte de vanguardia como una herramienta de transformación de la vida cotidiana. Desde el agotamiento de dicho planteamiento, la brecha entre el arte erudito y la cultura popular se ha agrandado e intensificado por causa de las desigualdades económicas inherentes a ambas. Esta es una brecha especialmente difícil de cerrar, debido a las dinámicas económicas de la práctica arquitectónica. Como señalan Andreas Huyssen y Dell Upton,[8] la división entre alta arquitectura y cultura popular nunca fue tan marcada como en el modernismo.

Trabajando contra esa dicotomía, y con la intención de preservar las culturas populares de la amenaza de las corrientes generalizadoras, Kenneth Frampton articuló la teoría del regionalismo crítico a principios de los años 1980.[9] Combinando tendencias universales, necesidades locales e influencias culturales, según Frampton se podría generar una arquitectura capaz de responder tanto a la cultura local como a la civilización universal. El punto central de la argumentación de Frampton es sensato, sin embargo, creo que ha sido indebidamente utilizado para promover algunos arquitectos escogidos a dedo, personificando la idea de regionalismo crítico, y elevando tales arquitectos a un *status* de representantes de toda una sociedad. Como debatido por Keith Eggener,

es irónico que mientras los escritores discutían los lugares donde esos dibujos aparecieron, generalmente enfatizaban la interpretación de un arquitecto de la región sobre todos los otros: Tadao Ando en Japón, Oscar Niemeyer en Brasil, Charles Correa en India y Luis Barragán en México. En otras palabras, un único estilo regional correcto estaba implícito, o impuesto, algunas veces partiendo de dentro, pero generalmente partiendo desde afuera de la región.[10]

El regionalismo crítico opera solamente en una dirección – del centro para la periferia – con poca o ninguna posibilidad para que las cuestiones de la periferia sean influentes en el centro. Respecto a eso, un modernismo vernáculo sería lo opuesto al regionalismo crítico, huyendo del filtro necesario del arquitecto informado y racional y, más bien, operando como un constructor distraído, pero no menos racional, sin entrenamiento arquitectónico. En el vernáculo brasileño, un gran número de edificios presenta elementos del modernismo universal, adoptando algunos aspectos del canon moderno y rechazando otros, combinándolos con los requisitos locales. La naturaleza híbrida de ese modernismo vernáculo se alinea con el regionalismo crítico de Frampton, pero la dirección principal de su influencia es otra.

Mientras el regionalismo crítico convoca a los arquitectos para que agreguen elementos del vernáculo y los articulen con los edificios del arte erudito, el caso brasileño ejemplifica precisamente lo opuesto: elementos de la alta arquitectura son apropiados por los inexpertos y re-articulados con lo vernáculo. Mientras el regionalismo crítico de Frampton problematiza la aculturación, el modernismo vernáculo brasileño apunta a un proceso mucho más complejo de transculturación.[11]

EL CASO BRASILEÑO:
EL MODERNISMO HECHO VERNÁCULO

Brasil es una notable excepción en la falta de popularidad generalizada del modernismo.[12] Una arquitectura con características modernistas es fácilmente encontrada aplicada a viviendas de clase media en la periferia de cualquier gran ciudad brasileña. Como notó Henry-Russel Hitchcock en 1955, "es posible encontrar una variedad de aparatos de protección contra el sol, *cubiertas en mariposa* reclinadas y fachadas en declive en todo Brasil."[13] La enorme y sin precedentes expansión del sector constructivo en Brasil, entre 1940 y 1970, fue uno de los catalizadores para el crecimiento de la arquitectura moderna. Sin embargo, Estados Unidos, que tiene tasas de crecimiento similares, respondía al modernismo de otra forma. ¿Qué otros factores provocaron entonces la popularidad del modernismo en Brasil?

América Latina, y Brasil en particular, fue señalada por varios estudiosos como el lugar donde la arquitectura moderna alcanzó una identidad diferenciada, como discutido en el capítulo anterior y en textos publicados en el *Journal of Architectural Education*.[14] La arquitectura moderna, fuertemente influenciada por los ideales de Le Corbusier y la Bauhaus, alcanzó una diseminación más amplia y profunda en esta parte del mundo.

Los excelentes "pioneros anti-racionalistas" de los años 1940 y 1950, depreciados por Nikolaus Pevsner, combinaron la vanguardia modernista y las formas tradicionales en la búsqueda de una amplia aprobación del público.[15] Si bien la primera generación de modernistas de Brasil fue educada en Europa (Rino Levi, Gregori Warchavchick), fueron aquellos educados en la Escola Nacional de Belas Artes – ENBA y estimulados por Lúcio Costa, que llevaron esa *prole tropical* a un nuevo nivel de identidad y apropiación. Las ideas de diseño de Oscar Niemeyer, Carlos Leão, Affonso Reidy y Burle Marx se diseminaron por todo el país, y la obvia evidencia de esa dispersión está en los incontables elementos de la arquitectura moderna adoptada y aplicada a casas de clase media en muchas ciudades brasileñas en las décadas de 1950 y 1960.

El caso brasileño es aún más particular considerando otras asociaciones dicotómicas entre el modernismo, la alta cultura, y los edificios institucionales o comerciales, por un lado; y los estilos tradicionales, la cultura popular y las casas, por el otro.[16] En los Estados Unidos, las personas vivían satisfechas en casas tradicionales, mientras trabajaban en modernos edificios institucionales y comerciales.[17] En contraste, la clase media brasileña de la década de 1950 acogió el modernismo como el estilo deseado, de moda, para ambos fines.

Con esa diferencia en mente, se fotografiaron aproximadamente seiscientas estructuras de aspecto modernista en barrios brasileños de clase media y media-baja entre 1998 y 2004, mayoritariamente en Belo Horizonte. Aunque Belo Horizonte sea considerada la ciudad modernista paradigmática – concebida en la década de 1890 y sed del Conjunto de Pampulha, obra de Oscar Niemeyer de 1942 –, este fenómeno también ha sido documentado en otras partes de Brasil, incluso en lugares más distantes de las principales capitales del país, como Aracaju, en el nordeste, Campo Grande, en el Oeste, o Londrina, en el sur.[18] La gran mayoría de esas casas no fue proyectada por arquitectos, y sí por sus propietarios, con auxilio de un contratista y de otros profesionales de mano de obra no calificada. Pese a eso, las casas presentan adaptaciones y aplicaciones ingeniosas de un vocabulario modernista. Como lo observa James Holston, "La autoconstrucción [en Brasil] es un dominio de la elaboración simbólica sobre la experiencia de volverse propietario y de participar en los mercados de consumo de masas."[19] Aunque la definición específica de la autoconstrucción generalmente esté aplicada a los edificios construidos por los habitantes con sus propias manos, el término también se encaja en esos ejemplos brasileños de clase media, en los cuales los habitantes toman todas las decisiones sobre la concepción y construcción de sus casas, sin la ayuda de arquitectos instruidos. La elaboración simbólica es esencialmente la misma. La mayoría de esas estructuras presentan composiciones de fachada complejas, generalmente dispuestas con uno o dos volúmenes grandes, definidos por diferentes declives de la cubierta, y otros elementos menores.

Cuando se desarrolló esa documentación de las casas, fue notable la predominancia de un volumen trapezoide asimétrico, formado por una cubierta inclinada hacia el centro, en contraste con la cubierta tradicional de dos aguas. Aunque sea fácil distinguir las casas verdaderamente modernistas en cualquier barrio por sus cubiertas de inclinación única o invertida, losas de hormigón sostenidas por finas columnas metálicas, brise-soleils y *cobogós* (celosías de ladrillo), muchas otras casas, a pesar de no característicamente modernistas, presentan rasgos modernistas. A veces un entablamento plano esconde una cubierta de dos aguas (una inversión de la práctica del neovernáculo, esconder la construcción moderna detrás de perfiles de fachada tradicional), o un dispositivo moderno de sombreado, asociado a una fachada art déco más tradicional.

Como ya fue discutido en el capítulo anterior, el empleo selectivo de características modernistas también aparece en la manera como esos ejemplos de clase media vernaculizados son desarrollados. Mientras edificios arquitectónicamente proyectados para los ricos exhiben grandes ventanas de vidrio, la mayoría de las casas modernistas de clase media presenta ventanas de tamaño mediano. Sin embargo, la colocación asimétrica imita la composición de modelos de diseño de casas de altos recursos. Casas modernistas vernáculas generalmente hacen uso de marquesinas de hormigón, sostenidos por delgadas columnas de metal; otra característica originada en el diseño de altos recursos. La ocurrencia de dichas losas de hormigón y columnas metálicas está directamente relacionada con los dos edificios más famosos del conjunto de la Pampulha, proyectados por Oscar Niemeyer en 1942 – la Capilla y el Casino.

Las plantas bajas de esas casas muestran que detrás de una fachada moderna, los estilos de vida familiares permanecen tradicionales hasta la década de 1960. Al entrar en algunas de esas casas, el visitante se puede sorprender al darse cuenta de cómo la modernidad queda limitada al exterior. Un análisis más profundo de los documentos de construcción archivados revela que el uso generalizado de elementos de fachadas modernistas llegó antes, principalmente en la década de 1950. La organización espacial modernista, al interior de las casas, aparecen solamente en la década de 1960.[20] A comienzos de 1950 solamente casas de personas ricas presentaban arreglos espaciales modernos, sin embargo, en la década de 1960 también las casas más modestas exhibían rasgos de una planta funcionalista. La principal diferencia entre la organización espacial tradicional y la moderna está en la especialización funcional de las habitaciones, explícita en la cantidad de cuartos, proporcionando más privacidad a cada miembro familiar. Analizando cronológicamente las plantas, se percibe una tendencia gradual de individualización de la funcionalidad de la habitación.[21]

En el caso de Brasil, el vocabulario introducido por primera vez por los arquitectos, en edificios culturales y en residencias más lujosas, fue más tarde apropiado por constructores de casas de clase media y ampliamente diseminado para millones de casas. ¿Qué podría explicar estos intercambios entre arquitectos y un público lego? O, en palabras de N. J. Habraken, en *Palladio's Children*, ¿Qué explica los intercambios entre la arquitectura y "el campo" que permitieron tal diseminación?[22] ¿Cómo la arquitectura que entró en el país como una arquitectura de vanguardia se ha transformado en vernáculo?

La diseminación de la base de conocimiento del diseño normalmente es entendida como un camino interno de la disciplina. En este proceso, la información pasaría de los estudiosos de la arquitectura a los profesionales.[23] Sin embargo, en Brasil, en la década de 1950 y a comienzos de la década de 1960, el diseño fue diseminado más allá del circuito de profesionales de la arquitectura. Para entender de qué manera eso ocurrió, es necesario rastrear cómo ideas del diseño penetran una capa social que normalmente no interactúa directamente con arquitectos, pero sí construye sus casas con la ayuda de constructores y de equipos de trabajo de mano de obra no calificada – como es el caso de la clase trabajadora brasileña. ¿Cómo la clase media brasileña aprendió a hablar la lengua del modernismo?

Buscando responder a estos cuestionamientos, en 1999 se entrevistó a 21 ancianos que habían construido sus propias casas modernistas durante los años de 1950. Ellos revelaron que el vocabulario modernista había sido diseminado no por los medios de comunicación impresos, como se había supuesto inicialmente en la investigación, sino que fue principalmente a través de otras personas. Muchos de los entrevistados citaron a algún vecino que en ese entonces trabajaba en una constructora, o a un familiar que había mostrado algunos dibujos, o hasta por trabajadores de la construcción civil que sugirieron soluciones modernas para la cubierta o el balcón. Al analizar las plantas de microfilm de las 21 casas cuyos habitantes habían sido entrevistados, se percibió que ninguna había sido proyectada por un arquitecto. Se constató también que solamente dos de las casas contaba con un ingeniero – uno de ellos era hermano del propietario, un estudiante de ingeniaría en ese entonces. Los propios dueños habían proyectado las otras diecinueve casas con la ayuda de un constructor más experimentado o de un dibujante. Entre las cincuenta plantas que se encontraron en los archivos de la ciudad, 31 presentaban el espacio de firma del responsable profesional por la obra en blanco, lo que indica que alguien había preparado los dibujos de manera correcta, pero no podía ser responsable por la planta. Hasta 1967 la ley brasileña permitía la aprobación de plantas de casas unifamiliares que no eran proyectadas por profesionales, desde que el proceso de construcción tuviera la supervisión de un profesional. En las plantas firmadas por profesionales, la mayoría – diecinueve de las cincuenta –, presentaba también el nombre del constructor. Las entrevistas confirman este dato, en doce casos los habitantes recordaban el nombre del constructor.

Con esa información se intentó encontrar a los trabajadores que realmente construyeron esas casas. En tres casos la familia todavía mantenía contacto con un obrero, que muchas veces había vuelto para hacer reparos o reformas. Hablar con ellos – hombres experimentados, sin embargo trabajadores de la construcción civil con muy bajos recursos, en sus setenta u ochenta años – posibilitó seguir el camino de esa difusión en todo el trayecto hasta las clases más populares, hasta las casas de *favelas* que esos trabajadores habían construido para sus propias familias.

EL MODERNISMO LLEGA A LAS FAVELAS

Observando de lejos, los asentamientos informales son fácilmente reconocidos por su composición orgánica: siguen la topografía y otros accidentes geográficos, en un claro contraste con el damero ortogonal de la ciudad formal. El resultado estético de este tejido es fácilmente reconocible por cualquier persona que haya vivido o visitado una gran ciudad latinoamericana. Sin embargo, un análisis más detallado muestra que la construcción en sí misma no es tan diferente del resto de la ciudad: algunas columnas reposan sobre una losa de fundación y apoyan las vigas que, a su vez, soportan una losa de cubierta. Todo esto fundido en moldes de madera irregulares y rematado por paredes de ladrillos de cerámica expuestos.

Los obreros ancianos que fueron entrevistados reforzaron esa continuidad técnica entre la ciudad formal y las *favelas*. Cuando fueron interrogados sobre las innovaciones modernistas, como las estructuras de hormigón y cubiertas planas, muchas veces ellos destacaron sus propias casas, y no las centenas de estructuras que habían construido para los contratantes.

Construidas en terrenos ocupados de manera irregular en las mediaciones de la ciudad formal, las *favelas* surgieron en las primeras décadas del siglo 20. En ese entonces, los trabajadores migraban del campo buscando empleos en las industrias recién formadas, y resolvían sus problemas habitacionales de la manera que podían. Uno por uno, construían estructuras efímeras en cualquier retazo de tierra disponible, y eran removidos por la policía en cuestión de días, eso si la tierra era de interés de los propietarios privados o de agencias estatales. Como consecuencia, las viviendas informales resistieron cuando estaban en áreas consideradas poco interesantes para la inversión inmobiliaria. A mitad del siglo 20, es importante resaltar, estas estructuras ya eran construidas con ladrillos y hormigón, muy parecidas al resto de la ciudad y de manera muy semejante a la estructura dom-ino de Corbusier, articulada algunas décadas antes.

Brasil empezó a producir cemento en la década de 1950, y esa nueva técnica de construcción presentó una buena relación costo-beneficio. La combinación del hormigón armado con las paredes de ladrillos es de fácil construcción, relativamente durable (mucho más que la madera en la humedad tropical), segura y permite una amplia flexibilidad para expansión. En el caso de Brasil, ese proceso de construcción está presente en todas las camadas sociales. Las entrevistas con los obreros confirmaron que las casas de los ricos en las ciudades brasileñas utilizaban esa misma estructura (aunque intensamente decoradas con diferentes materiales de acabados), así como en la mayoría de las subdivisiones de la clase trabajadora en la periferia.

En dichas parcelas periféricas, un constructor define una división de las calles y vende pequeños lotes a la clase trabajadora, con dimensiones aproximadas de 10m x 30m. El uso de materiales es semejante al de las *favelas*: ladrillos expuestos, losas de hormigón y cubierta de tejas de cerámica o de base de amianto. También los habitantes de esas urbanizaciones tienen empleos semejantes a los empleos de los habitantes de la favela: empleadas domésticas, trabajadores de la construcción civil no calificados, trabajadores de supermercados y celadores. Estos empleos generan una renta mensual que varía entre doscientos y trecientos dólares al mes. El nivel educacional también es comparable: los 40% más pobres tienen un promedio de apenas cinco años de educación formal en Brasil. En resumen, aunque las *favelas* y urbanizaciones correspondan a diferentes grados de vulnerabilidad social y acceso a infraestructuras, sus habitantes comparten muchas características, y sus casas son construidas usando exactamente las mismas técnicas.[24]

La escala de esos asentamientos permite definir sus características como vernáculas – a los barrios de clase media como también a las urbanizaciones de clase trabajadora y *favelas* más pobres. Juntos, esos barrios ocupan cerca del 80% del tejido urbano en Brasil, totalizando 40 millones de hogares que abrigan a 150 millones de personas.

REFLEXIONES SOBRE EL MODERNISMO VERNÁCULO

Si el modernismo realmente se ha vuelto vernáculo en Brasil, ¿qué agrega ese proceso al discurso arquitectónico actual? En otras palabras, ¿cómo este fenómeno impar se relaciona con la multiplicidad de teorías y propuestas arquitectónicas actuales?

El modernismo vernáculo se transforma en un apéndice interesante para una re-descubierta más amplia del movimiento moderno, debido a algunas razones presentadas a continuación. La primera digna de nota es la yuxtaposición de estas dos palabras: vernáculo y moderno. La reconciliación del modernismo con la cultura popular fue considerada inalcanzable por los defensores del posmodernismo. Si bien la arquitectura moderna, en sus raíces, enfatizó programas e ideales dirigidos a las masas, con el tiempo se alejó progresivamente de las demandas populares hasta que, en la década de 1970, uno de los principales argumentos para su rechazo fue que nunca alcanzó la popularidad deseada.[25]

El posmodernismo, con su collage de elementos clásicos, iconografía y decoraciones coloridas, se transformó en una alternativa para conciliar la arquitectura con el gusto popular. Es sorprendente, entonces, saber que contrario a lo que defendían los posmodernistas, la arquitectura moderna fue tan popular en Brasil que se volvió vernácula. Arquitectos brasileños fallaron en reconocer la importancia de ese fenómeno en la época, mientras críticos europeos y norteamericanos fueron precisos en sus observaciones sobre como el modernismo nunca había sido muy popular en sus países. En Florida y en California la difusión del vocabulario modernista fue considerablemente más extensa comparada al resto de América del Norte, sin embargo, no alcanzó la escala o la profundidad de diseminación entre los estratos sociales que consiguió en Brasil.

En California, las Case Study Houses caracterizan un otro enfoque en relación a la difusión de lo moderno. Las casas que influenciaron la arquitectura residencial en el Sur de California, aunque no hayan sido de gran impacto en el resto de los EE.UU., eran residencias experimentales proyectadas por arquitectos y ubicadas en grandes terrenos con un estándar suburbano.[26] Posiblemente apropiaciones semejantes ocurrieron en países como México, Turquía y India, que adoptaron el modernismo de la misma manera que Brasil.

No obstante, la impresionante extensión del fenómeno brasileño, el hecho de que casi ningún arquitecto haya estado involucrado, y la libertad con la que los elementos de la arquitectura moderna son recombinados en las fachadas, son evidencias impresionantes de que el modernismo podría realmente convertirse en vernáculo.[27] Como lo afirman Adrian Forty y Elizabetta Andreoli, el modernismo brasileño fue, en muchos aspectos, el inverso de las versiones europea y norteamericana.[28] Entre los aspectos particulares de la construcción en Brasil estaban: eliminar el calor, en lugar de retenerlo, los costos de nuevos materiales, y la disponibilidad de mano de obra barata. Partiendo de premisas tan distintas, los resultados inevitablemente también fueron bastante distintos. Lo inesperado, y hasta hoy invisible, fue la idea de que debido a la mezcla de tendencias contradictorias, las clases trabajadoras brasileñas fomentaron un tipo único de modernismo con una actitud posmoderna.

Los arquitectos pueden aprender con las casas de clase media brasileñas y con las estructuras de las *favelas* de la misma manera con que fueron llevados a aprender con el *Strip* de Las Vegas.[29] Como afirmó Bernard Rudofsky más de cincuenta años atrás, "las artes exóticas han sido muy apreciadas en el mundo occidental, si bien tildándolas de *primitivas*."[30] También en ese sentido, Keith Eggener discurre sobre como el movimiento moderno se volvió, para algunos estudiosos, propiedad intelectual de ciertos países occidentales, y el resto fue definido como un desvío o desvalorización de la arquitectura moderna.[31] Teniendo en cuenta que el ejemplo brasileño es exótico – tanto como por haber ocurrido en Brasil, como también por no haber sido planeado por arquitectos

– su modernismo vernáculo ha sido muchas veces rotulado de primitivo o anormal, hasta por estudiosos brasileños.[32]

Si bien uno de los principales argumentos del posmodernismo es que el modernismo nunca fue popular, ¿cómo se encaja el modernismo vernáculo brasileño en esa discusión? Una respuesta podría ser que el modernismo popular fue un fenómeno aislado. Aceptar esta respuesta, sin embargo, significaría concordar con la concepción tradicional de centro *versus* periferia –ya discutida aquí–, en la cual solamente el centro es digno de ser estudiado. Otra respuesta podría ser que el fenómeno brasileño no fue realmente vernáculo, pero entonces ¿cómo explicar la enorme proliferación de casas de aspecto modernista en las ciudades brasileñas, que nos dan la impresión de que el modernismo arrebata todo el paisaje? Una tercera respuesta podría desafiar la caracterización de las casas de clase trabajadora brasileña como verdaderamente modernas, ya que visiblemente existe una diferencia entre el modernismo de arquitectos y de propietarios pudientes, comparados a las apropiaciones simplificadas de la clase media. Las fachadas de una casa de clase media, por ejemplo, pueden representar la inserción de un propietario en la modernidad, mientras que las plantas demuestran una insistencia en una organización tradicional fundamentada en la realidad brasileña de los años 1950. En las *favelas*, la relación costo/beneficio puede haber favorecido la opción de pilares y losas de hormigón, pero eso no hace su presencia menos simbólica. En las conversaciones con habitantes de la *favela*, se percibió que al tiempo que una losa de hormigón sobre sus cabezas significaba mayor protección, también significa una inserción en la modernidad (aunque de manera marginalizada).

La adopción generalizada del modernismo en Brasil, ocurrió a partir de un conjunto de condiciones que incluyen: (1) apoyo del gobierno para la arquitectura modernista,[33] (2) la unión entre arquitectos alrededor de la propuesta modernista, (3) la adopción de la modernización como estrategia de marketing por parte de los medios de comunicación, (4) la sed de la clase media por la modernización, y (5) las interacciones entre los ámbitos del arte erudito y el arte popular. Sería interesante investigar cómo el modernismo fue diseminado en otras partes del mundo, para así comprender su impacto en la cultura local. En la hibridación entre lo universal y lo regional, lo nuevo y lo tradicional, son innumerables los ejemplos que enriquecen la manera como pensamos la arquitectura.

NOTAS

NE. Publicación anterior del texto: Fernando Luiz Lara. "Modernism Made Vernacular: The Brazilian Case." *Journal of Architectural Education* 63/1. Londres. Otoño 2009. 41-50 (versión atualizada).

1. Dell Upton y John Vlach, orgs., *Common Places. Readings in American Vernacular Architecture* (Atenas: University of Georgia Press, 1986); N. J. Habraken, *Palladio's Children* (Londres: Taylor and Francis, 2005); Robert Venturi, *Complexity and Contradiction* (Nueva York: Museum of Modern Art, 1966).

2. Beatriz Colomina, *La Domesticidad en Guerra* (Barcelona: Actar, 2006), 6.

3. Manfredo Tafuri y Francesco Dal Co, *Modern Architecture* (Nueva York: Rizzoli, 1986, v.2), 306; Diane Ghirardo, *Architecture after Modernism* (Nueva York: Thames e Hudson, 1996).

4. Venturi, *Complexity and Contradiction*, 42.

5. Joseph Rykwert, "Introduction," in: *On the Art of Building in Ten Books*, Leon Batista Alberti, (Cambridge: MIT Press, 1991), x. Traducción libre.

6. Andreas Huyssen, *After the Great Divide: Modernism, Mass Culture, Post-modernism* (Bloomington: Indiana University Press, 1986), vii.

7. Peter Bürger, *Theory of the Avant-Garde* (Minneapolis: University of Minnesota Press, 1984), xiv.

8. Huyssen, *After the Great Divide*; Upton y Vlach, *Common Places*.

9. Kenneth Frampton, "Modern Architecture and Critical Regionalism," *Transactions* 3, 1983, 15-25.

10. Keith Eggener, "Placing Resistance: A Critique of Critical Regionalism," *Journal of Architectural Education* 55/4, Londres, Mayo 2002, 230. Traducción libre.

11. El proceso de hibridación cultural – o transculturación – ha sido extensamente explorado en otras disciplinas. Considero que en la arquitectura, Felipe Hernández viene realizando el mejor estudio en el tema. Ver Felipe Hernández, Peter Kellet y Iain Bordein, orgs., *Transculturation: Cities, Spaces and Architectures in Latin America* (Amsterdam: Rodopi, 2005).

12. Brent Brolin, *The Failure of Modern Architecture* (Nueva York: Van Nostrand Reinhold, 1976); Venturi, *Complexity and Contradiction*.

13. Henry Russell Hitchcock, *Latin American Architecture since 1945* (Nueva York: Museum of Modern Art, 1955), 30. Traducción libre. La cubierta mariposa, o cubierta en "V," es como se llaman las estructuras de cubiertas inclinadas con un canalón central, es decir, el flujo de agua se hace por algún punto en el medio del volumen. Las fachadas en declive fueron muy usadas en la mitad del siglo 20 en Brasil, así las paredes inclinadas eran poco expuestas al sol, minimizando la absorción de calor.

14. Fernando Luiz Lara, "One Step Back for Two Steps Forward: The Maneuvering of the Brazilian Avant-garde," *Journal of Architectural Education* 55/4, Londres, Mayo 2002, 216; Fernando Luiz Lara, "Modernism Made Vernacular: the Brazilian Case," *Journal of Architectural Education* 63/1, Londres, Otoño 2009, 41-50.

15. Nikolaus Pevsner, "Modern Architecture and the Historian, or the Return of Historicism," *Journal of the Royal Institute of British Architects* 68, Abril 1961, 230-240.

16. Beatriz Colomina, *Privacy and Publicity* (Cambridge: MIT Press, 1996); Huyssen, *After the Great Divide*.

17. Joan Ockman, "Mirror Images: Technology, Consumption and the Representation of Gender in American Architecture since World War II," in: *The Sex of Architecture*, orgs. Diana Agrest, Patricia Conway y Leslie Kanes Weisman (Nueva York: Harry Abrams, 1996), 191-210.

18. Ângelo Marcos Arruda, "A popularização dos elementos de arquitetura da casa moderna em Campo Grande," in: *Anais do 5° Docomomo Brasil*, 2003; Juliana Nery, "Registros: as residências modernistas em Aracaju nas décadas de 50 e 60," in: *Anais do 5° Docomomo Brasil*, 2003; Juliana Suziki, *Idealizações de modernidade: arquitetura dos edificios verticais em Londrina 1949-1968* (Londrina: Kan, 2011), 180.

19. James Holston, "Autoconstruction in Working-Class Brazil," *Cultural Anthropology* 6/4, 1991, 447-465. Traducción libre.

20. Fernando Luiz Lara, "Dissemination of Design Knowledge: Evidence from 1950s Brazil," *The Journal of Architecture* 11/2, Verano 2006, 241-255.

21. A partir de la autorización de los propietarios se localizaron las plantas de las casas en los archivos municipales. Las plantas incluyen el sello de aprobación, con fecha y firma del constructor responsable (frecuentemente) y del proyectista (muy poco frecuente).

22. Habraken, *Palladio's Children*.

23. Lara, *Dissemination of Design Knowledge*.

24. Janice Perlman, "Marginality: From Myth to Reality in the Favelas of Rio de Janeiro, 1969–2002," texto presentado en el Mega Cities Conference (Trinity College, 2003).

25. Charles Jencks, *The New Moderns: From Late to Neo-modernism* (Nueva York: Rizzoli, 1990).

26. Elizabeth A. T. Smith, org., *Blueprints for Modern Living: History and Legacy of the Case Study Houses* (Cambridge: MIT Press, 1998).

27. Fernando Luiz Lara, *The Rise of Popular Modernist Architecture in Brazil* (Gainesville: University of Florida Press, 2008).

28. Adrian Forty y Elizabeta Andreoli, *Arquitetura moderna brasileira* (Londres: Phaidon, 2004), 16.

29. Robert Venturi, Denise Scott Brown, y Steve Izenour, *Learning from Las Vegas* (Cambridge: MIT Press, 1977), 3.

30. Bernard Rudofsky, *Arquitectura sin Arquitectos* (Buenos Aires: Editorial Universitaria de Buenos Aires, 1973), 3.

31. Eggener, "Placing Resistance", 232.

32. Dinah Guimarães e Lauro Cavalcanti, *Arquitetura kitsch, suburbana e rural* (Rio de Janeiro: Paz e Terra, 1982); Luis Saia, "A fase heroica da arquitetura contemporânea brasileira já foi esgotada a alguns anos," in: *Arquitetura moderna brasileira: depoimento de uma geração*, org. Alberto Xavier (São Paulo: Pini, 1987), 199.

33. Ver Martins, "Identidade nacional e Estado no projeto modernista," 279-297; Gorelik, *Das vanguardas a Brasilia*.

MODERNISTAS ANALFABETOS

RASTREAMIENTO DE LA DISEMINACIÓN DEL CONOCIMIENTO ARQUITECTÓNICO EN LAS FAVELAS BRASILEÑAS

TRADUCCIÓN DE SILVIA MARCELA CALDERÓN

ESTE CAPÍTULO, ADAPTADO DEL TEXTO PUBLICADO ORIGINALMENTE EN LA COLETÁNEA 'HOUSING AND BELONGING IN LATIN AMERICA,' ANALIZA LA DISEMINACIÓN DE LA TECNOLOGÍA DE CONSTRUCCIÓN MODERNA EN BRASIL, EN PARTICULAR, DEL HORMIGÓN ARMADO, para elaborar el argumento que el modernismo se ha convertido en la tipología espacial básica de una gran parte del entorno construido. la investigación de campo sobre casas modernistas de clase media y de *favelas* ha permitido rastrear algunas de las formas en que se diseminó el conocimiento arquitectónico en Brasil. Como resultado, se argumenta que la apropiación de la tecnología y de la espacialidad modernistas se ha logrado en una escala tan amplia que se han convertido en parte de la cultura de construcción brasileña. Además, las entrevistas con obreros de la construcción permitieron discutir su inserción (incompleta) en la modernidad del país. Basta con mirar de cerca cualquier *favela* o barrio periferico en América Latina para entender mi punto de partida; cientos de miles de estructuras comparten la misma tecnología de construcción: unas pocas columnas descansan sobre bloques de cimentación y sostienen unas vigas, que de hecho soportan una losa de techo. Todas se moldean con encofrado de madera irregular y se rellenan con paredes de ladrillos de cerámica expuestos. La estética resultante de este tejido informal es fácilmente reconocible para cualquiera que haya vivido o incluso visitado la periferia de cualquier gran ciudad latinoamericana.

La recopilación de datos que respalda esta análisis fue realizada entre 1998 y 2003 en la ciudad de Belo Horizonte,[1] como se explicita en el capítulo 2. De hecho, el enfoque precede el interés en los trabajadores como vectores de diseminación, como se discutirá en seguida. En 2008, un estudio realizado en asociación con la administración de la ciudad, permitió el acceso a una extensa documentación sobre el barrio Acaba Mundo en Belo Horizonte, un asentamiento informal de aproximadamente trecientas familias, y 1200 habitantes. Al año siguiente, una beca de la vice-rectoría de investigación de la Universidad de Texas, Austin, me permitió entrevistar a más de diez trabajadores de la construcción de una manera más sistematizada; la riqueza de la información incluyó anécdotas e historias que el autor viene colectando en los últimos veinte años.

EL PROCESO DE CONSTRUCCIÓN

Nacidas de un proceso de ocupación ilegal de tierras en las inmediaciones de vecindarios formales, las *favelas* aparecieron en las primeras décadas del siglo 20 como una solución para el problema de vivienda de los trabajadores que migraban del campo en busca de empleos en la industria naciente.[2] Cabe resaltar que, entre las especificidades de la legislación sobre posesión de tierras en Brasil, desde la colonia hasta la república, pasando por el imperio, la inseguridad jurídica que sirve de marco para la informalidad, siempre existió para los más pobres. Uno a uno construyeron sus estructuras temporales en cualquier terreno disponible en la periferia inmediata de la ciudad. A menudo los habitantes eran retirados por la policía en cuestión de días si la tierra era de interés para propietarios privados o para agencias estatales. Se permitía a las personas quedarse si consideraban que la tierra no era digna de desarrollo por varias razones: disputas de propiedad legal, falta absoluta de infraestructura (tierras de cultivo abandonadas), inclinación del lugar más allá de lo permitido por los códigos de las ciudades (con frecuencia por encima del 30%). La tierra ocupada por las *favelas* se dividió gradualmente de una manera orgánica; siguiendo los senderos empinados en el caso de las colinas, o las pasarelas elevadas en el caso de las áreas pantanosas. Como regla general, las estructuras se construyeron con los materiales más baratos disponibles. A principios del siglo 20, eso significaba madera de desecho y techo de hojalata. A mediados del siglo 20, Brasil producía cemento y se estaban construyendo estructuras con hormigón. Esta nueva técnica de construcción proporcionó una sorprendente relación costo-beneficio.

FÁCIL DE CONSTRUIR, CON MUCHA FLEXIBILIDAD PARA LA EXPANSIÓN, LA COMBINACIÓN DE HORMIGÓN ARMADO Y PAREDES DE LADRILLO ES MUCHO MÁS DURADERA Y SEGURA QUE LA MADERA EN LA HUMEDAD TROPICAL.

Tal mejora en la construcción es un fenómeno que merece más investigación, como este capítulo intenta argumentar.

En el caso de Brasil, es importante señalar que este proceso de construcción ahora está presente en todos los estratos sociales. Las áreas ricas de todas las ciudades brasileñas también se construyen con la misma estructura (aunque decorada con materiales de acabado considerados nobles). Mientras los asentamientos informales conforman entre 10 y 15% de las grandes ciudades, los barrios periféricos, construidos con la misma materialidad son mayoría absoluta de la urbe brasileña. Estas subdivisiones periféricas se llaman lotes o parcelaciónes, en las cuales un desarrollador establece una cuadrícula de la calle y vende lotes pequeños (por lo general alrededor de 10m x 30m) a la clase trabajadora. Tales asentamientos ofrecen un grado mayor de seguranza jurídica de la propiedad porque los habitantes pueden comprobar que compraron la tierra, pero muchas vezes son completamente desprovistos de infraestrutura, como las *favelas* en el início de su ocupación. Questiones fundiárias e infraestruturales a parte, lo que importa en este capítulo es percibir que el uso de los materiales es el mismo: paredes de ladrillos perforados casi siempre expuestos, losas de hormigón o prefabricadas, tejados de fibrocimiento. En resumen, las favelas o los loteamientos tienen diferentes grados de vulnerabilidad social y acceso a la infraestructura, pero comparten precisamente las mismas técnicas de construcción cuando se trata de edificios individuales. Esa técnica se llama proceso húmedo, en el que el trabajo se realiza en el sitio con muy poco uso de materiales prefabricados. Las tiendas locales entregan los materiales en el sitio, y desde ese momento el equipo de construcción es responsable de mezclar, cortar, doblar, soldar y conectar todo. Muy común hoy en día es el uso de vigas prefabricadas para las losas. Estas vigas tienen una sección en forma de T invertida de aproximadamente 10cm x 10cm, y abarcan de tres a cinco metros. Espaciados a cada 25cm, soportan una fila de bloques de cerámica poco profundos especialmente formados para esas losas. Se vierte una capa de hormigón de 3cm sobre el sistema de vigas y bloques de cerámica, lo que lo hace más asequible y fácil de construir que las antiguas losas de hormigón vertidas.

Al ir más allá de las características formales de las casas veremos la vida cotidiana dentro y alrededor de esas estructuras. Dado que la losa se convirtió en el componente principal de las *favelas*, toda una cultura se desarrolló a su alrededor. El uso de losas planas de hormigón armado permitió al habitante de la *favela* incorporar más espacio para sus actividades diarias. El proceso de reclamación de tierra significaba apartarse de las cuatro paredes que lo encierran como primer acto, pero la densificación gradual hacía cada vez más difícil expandirlo horizontalmente. Además, las favelas se construyeron, principalmente, en terreno inclinado, lo que significaba que los callejones y los pórticos siempre eran muy angostos (a veces con tan solo 90cm o 3 pies de ancho), y colgaban precariamente de los acantilados y muros de contención. En un terreno tan duro, ocupado con altas densidades, la losa se convierte en el camino más fácil de crecimiento futuro. El uso de la terraza plana proporcionada por la losa de hormigón armado prácticamente duplica la cantidad de área disponible para otras actividades.

EN OPOSICIÓN A LOS CUARTOS PRIVADOS DENTRO DE LA CASA, LAS TERRAZAS DE LOSAS SON SEMIPÚBLICAS, Y LA VIDA CULTURAL EN LAS 'FAVELAS' Y OTROS ASENTAMIENTOS INFORMALES HACE PLENO USO DE ESTOS ESPACIOS.

Los niños juegan fútbol allí y elevan cometas en los ventosos meses de la primavera; las amas de casa cuelgan la ropa para que se seque y se comunican con sus vecinos de losa a losa. Los fines de semana, la losa es el sitio para los asados, rondas de música y para tomar el sol. Una compleja cultura de relaciones semiprivadas y semipúblicas desarrolladas en las losas.

La tecnología está tan profundamente entrelazada al estilo de vida que en el portugués brasileño coloquial la palabra *laje* (losa) es sinónimo de espacio de ocio abierto (aunque privado).

EL CAMINO DE LA DISEMINACIÓN: LA CLASE MEDIA COMO MEDIADORA

Una pregunta que surge de las observaciones descritas anteriormente se refiere a la velocidad y al alcance de la diseminación. Una nueva materialidad se hizo cargo del proceso de vivienda de la clase trabajadora en Brasil (y de los ricos también) en una sola generación, entre 1940 y 1970. El desafío de comprender la diseminación de información de arquitectos famosos hacia las favelas precarias tiene que pasar necesariamente por la clase media. Aunque es posible formular la hipótesis de que el conocimiento arquitectónico puede fluir directamente de los sitios de construcción de edificios paradigmáticos a las casas de los trabajadores, se hace muy difícil abarcar la escala masiva de dicha difusión sin la clase media como mediadora. La amplia disponibilidad de materiales simples como cemento, varillas de acero o ventanas prefabricadas fue solo una realidad después de que la clase media adoptara el modernismo y su arquitectura en las décadas de 1940 y 1950.[3] Después de la Segunda Guerra

Mundial, los arquitectos en Brasil estaban muy ocupados diseñando y construyendo – el país hirviendo y transformándose en un enorme sitio de construcción. La consolidación urbano-industrial después de 1950 había creado un mercado cultural para la arquitectura. Las oficinas gubernamentales habían estado invirtiendo en una imagen moderna, y la arquitectura era una gran herramienta para transportar tal imagen. Esto había estado sucediendo desde el gobierno de Getúlio Vargas (1882-1954, presidente: 1930-45 y 1951-54) en la década de 1930, pero con la presidencia de Juscelino Kubitschek (1902-76, presidente: 1956-61) logró una intensidad nunca antes vista, galvanizando a toda la sociedad en torno de la idea de *modernización*.[4] La arquitectura de aquellos días tuvo un gran impacto en la imagen de las ciudades brasileñas hasta hoy en dia, más de setenta años después. Al caminar por los barrios residenciales de las principales ciudades brasileñas, no se puede evitar notar una repetición de ciertos elementos arquitectónicos empleados en muchas fachadas. A menudo los tejados se inclinan hacia adentro. Innumerables losas de hormigón flotan sobre las entradas, soportadas por finas columnas de metal. Las baldosas de cerámica en colores pastel cubren la mayoría de las superficies frontales de las casas. a sombra y la ventilación son proporcionadas por brise-soleil o bloques de vacío moldeados en cerámica u hormigón.

La gran mayoría de las casas de clase media documentadas no fueron diseñadas por arquitectos, y sin embargo presentaban elementos modernistas reutilizados y rediseñados, como discutido en capítulos anteriores.

El aumento en el poder político y de consumo de la clase media en Brasil en la década de 1950 plantea el tema de la individualización. La clase media brasileña no solo luchaba por establecer una nueva identidad que representara su nuevo lugar en la sociedad, sino que también deseaba participar en la nueva cultura universal y moderna promovida por los medios de comunicación.[5] Los pobres siguieron los mismos pasos y encontraron en las losas y columnas de hormigón armado su propia estrategia para ingresar a la modernidad.[6]

La parte intrigante de la ecuación fue tratar de descubrir cómo se había transmitido el conocimiento. Está claro que la clase media estaba imitando los edificios paradigmáticos de Oscar Niemeyer – como los edificios de Pampulha (1941-43), y los habitantes de bajos ingresos, por su parte, imitaban las casas de clase media a las que aspiran. Como Peter Kellett descubrió en Colombia, "a pesar de los pedigríes contrastantes y los modos de producción, las casas formales de baja altura [clase media] comparten numerosas características de diseño con las viviendas precarias."[7] Pero para completar el rompecabezas, es necesario profundizar en cómo se transmitían esas estrategias de composición y técnicas de construcción, y por cual medio.

ENTREVISTAS: DESCUBRIMIENTO A TRAVÉS DE UNA HIPÓTESIS FALLIDA

Como discutido en capítulos anteriores, en 1999, fueron entrevistados 21 ciudadanos de diferentes barrios de Belo Horizonte que construyeron casas modernistas en la década de 1950.[8] Antes de comenzar las entrevistas en profundidad, existía la hipótesis de que la idea de una casa modernista provenía de los medios de comunicación, especialmente de revistas y periódicos en ese momento. La investigación doctoral del autor (1998-2001) incluyó una revisión sistemática de cinco revistas y dos periódicos a lo largo de la década de 1950, y la creciente presencia del modernismo en sus páginas me llevó a pensar que eran vectores principales de la diseminación arquitectónica moderna. Fue una sorpresa cuando casi todos los entrevistados dijeron que no recordaban haber sido influenciados por las revistas o los periódicos en lo absoluto. En cambio, la mayoría de ellos todavía recordaban el impacto de visitar por primera vez esta o aquella construcción hace cincuenta años. Y lo que es más importante, recordaron vívidamente cómo las ideas de este brise-soleil o aquella delgada columna metálica que sostiene una marquesina que provenía de un pariente que había trabajado en una empresa de construcción, o del contratista que acababa de construir uno el año pasado. Como resultado, mientras la hipótesis sobre el impacto de los medios impresos estaba fallando, otra vía de investigación se fue abriendo: el principal vector de diseminación del conocimiento arquitectónico es la propia gente, principalmente aquellos que trabajan de una manera u otra en el sector de la construcción.

Con esa idea en mente, fueron hechas otras entrevistas con trabajadores experientes de la construcción civil. Lo que pudo ser percibido fue lo mucho que sabían sobre las estructuras de hormigón armado, sin ningún entrenamiento formal. Aunque muchos apenas podían leer y escribir, sabían sobre cargas de losas, cómo colocar las varillas de acero, cómo funcionan los empalmes y todas las otras reglas generales de construcción con hormigón armado. Si bien todos aprendieron simplemente observando cómo era hecho en los edificios de clase alta, se sintieron muy orgullosos en decir que usaron este nuevo tipo de losa prefabricada o este tipo de superficie de cubierta más liviana en sus propios hogares, y cuánto mejor fue después de las adiciones o renovaciones. Más tarde, en el 2009, fue realizada una segunda serie de entrevistas enfocadas en sus carreras; lo que aprendieron y lo que pudieron aplicar a sus propios hogares y vecindarios. Esta claro que, cuando el costo lo permitía, alrededor de 1,2 millones de trabajadores de la construcción transfirieron inmediatamente la tecnología que usaban en sus trabajos a los edificios informales que construyeron para ellos mismos o para otros en sus propios vecindarios.[9]

Cualquier intento de comprender las *favelas* implica lidiar con el hecho de que no existe un proceso de diseño tal y como lo conocemos, o al menos no lo que normalmente llamaríamos un proceso de diseño. Hay poca o ninguna representación antes de la ruptura de terreno, sin previsión de cómo serán los espacios después de la finalización. Muy por el contrario, las estructuras de las *favelas* se construyen directamente sobre el suelo cuando se excava una base, se vierte hormigón sobre bloques de unidades de mampostería de concreto y las paredes siguen esas líneas. Cuando ocurre una representación es un plano muy esquemático y sin detalles; nunca más que unos pocos rectángulos en una sola hoja de papel que se usa para calcular los costos de mano de obra y materiales. Después de un acuerdo inicial entre los propietarios y el equipo de construcción liderado por un trabajador con más experiencia, este plan rudimentario con medidas básicas se utiliza como directriz para los cimientos. Este proceso fue descrito por la mayoría de los trabajadores de la construcción entrevistados. Aunque todos informaron que sabían leer dibujos, ya que tienen trabajos formales en empresas de construcción, solo dos dijeron que usaban planos (con ubicación de ventanas y puertas, por ejemplo) antes de comenzar a construir. A partir de eso, cada paso de la construcción sigue las dimensiones de lo que ya está construido, lo que permite tanta flexibilidad que parece que no es necesario ningún diseño. Las decisiones de diseño se reducen a esas simples divisiones de los espacios en las habitaciones. Dada la estandarización de ventanas metálicas baratas de alrededor de 100cm x 120cm, y puertas de alrededor de 70cm x 2,1m, la decisión principal de diseño es dónde colocar esas aberturas. Se presta poca o ninguna consideración a las estrategias de orientación solar y/o ventilación.

Además, en ausencia de un diseño previo al inicio de la obra, el generador principal de esas formas de favela es el sistema estructural: cimientos sobre bloques de hormigón armado, paredes de ladrillo cerámico, columnas y vigas sobre hormigón armado vertido, y una losa en la parte superior de todo. Muchos eruditos, sin embargo, dirían que las estructuras de las favelas no pueden relacionarse con la arquitectura moderna ya que no existe allí una intención arquitectónica.[10] Otros diferencian la espacialidad de la tecnología para afirmar que el término *moderno* solo puede usarse para el primero, y que lo que tenemos en las favelas es la diseminación de *sólo tecnología*. En la opinión del autor, la tecnología es inseparable de la espacialidad, y lo que podríamos llamar modernismo es la fusión de todas las nuevas tecnologías, nuevos programas, nuevos clientes, nueva estética, nuevas relaciones espaciales, en un conjunto de múltiples propuestas para un mejor entorno construido. Que algunas partes de esa propuesta llegaron a las favelas, creo que está fuera de toda duda. La pregunta principal, entonces, es si aún podemos llamar el resultado de dicha diseminación de arquitectura.

El proceso de colocación de cimientos, la construcción de un encofrado de madera, la colocación del refuerzo de acero y el vertido de hormigón, son prácticas conocidas por todos los trabajadores de la construcción en Brasil. Los datos de las Naciones Unidas muestran que el tamaño medio de una casa en ciudades brasileñas como Rio de Janeiro es de 62 metros cuadrados.[11] Una red de bahías de 3,5m x 3m sería lo más común, lo que nos permite pensar en un promedio aproximado de 7m x 9m para las estructuras medianas. Esas dimensiones son corroboradas por los mapas del Sistema de Informação Geográfica – SIG de la favela Acaba Mundo, en Belo Horizonte. Sin embargo, hay tanta variación en las bahías más pequeñas, donde se encuentran los baños y las escaleras, que es muy difícil observar cualquier lógica además de los límites impuestos por la ecuación estructura/economía. Lo que se percibe visualmente es la forma cúbica de esos volúmenes, resaltados por las paredes de ladrillos vacíos de cerámica expuestos, casi siempre siguiendo los planos de la rejilla estructural y llevando parte de la carga. En realidad, aunque se supone que las paredes no soportan cargas, se construyen antes que las vigas superiores, que se vierten sobre la última fila de ladrillos. Tal práctica permite una estructura más económica y más rápida, aunque una a las paredes y a las vigas inexorablemente, y reduzca las opciones y ventajas de un sistema estructural independiente. Al unir paredes, columnas y vigas intrínsecamente, las estructuras de las favelas pierden muchas de las cualidades que se suponía que la arquitectura moderna debía promover: iluminación eficiente con ventanas horizontales, planta libre, posibilidad más sencilla de cambio y adaptación. En toda periferia de las ciudades brasileñas vemos una abrumadora mayoría de ventanas pequeñas (el vidrio es mucho más caro que los ladrillos), que de nuevo no aprovechan la estructura de hormigón armado.

Respecto a la prevalencia de la losa prefabricada, es de interés una entrevista con José Antônio, un hombre alto y delgado de unos 65 años, con cincuenta años de experiencia como trabajador de la construcción. Su historia representa en gran medida las transformaciones tecnológicas que ocurrieron en Brasil en las últimas décadas. José Antônio me dijo que comenzó a trabajar en la década de 1950 a la edad de quince años, básicamente llevando materiales para los albañiles más experimentados (*servente de pedreiro*, o el que sirve al albañil). Al tener un diploma de escuela primaria (ni siquiera comenzó la escuela secundaria), su padre, un albañil, quería que aprendiera habilidades de carpintería, porque los techadores ganaban más dinero que los albañiles. Pero a fines de la década de 1950, los techos de cerámica soportados por armazones de madera se usaban cada vez menos en edificios más grandes, y José Antônio recordó que por mucho que quería aprender a ser techador, conseguía empleos temporales para trabajar con losas de hormigón. En ese momento, era más barato mezclar el hormigón en el sitio, y José Antônio dice que lo hizo durante años, mezclando cemento, arena, agregado y agua en grandes tanques de madera con una azada y luego cargando la mezcla de concreto — cuarenta libras a la vez — muchos pisos arriba en escaleras precarias. A pesar del agotamiento debido al trabajo físico, José Antônio dice que aprendió mucho sobre las diferentes mezclas de hormigón, las más rápidas, las más lentas, las más gruesas, las maleables, y que rápidamente lo llamaron para enseñarles las cantidades correctas de la mezcla a sus vecinos y parientes, estableciéndose como una autoridad en hormigón, y ganando dinero extra.

Otro albañil llamado Ambrosio recuerda tristemente cómo trató de aconsejar a una familia sobre el colapso inminente de su edificio cuando observó grietas diagonales en las paredes. El jefe de la casa, él mismo un joven trabajador de la construcción, insistió en que estaba bien y que había *parchado* ese tipo de grietas muchas veces cuando trabajaba en edificios sofisticados para los adinerados. Parte de la casa finalmente colapsó y afortunadamente nadie resultó herido, pero se perdieron años de ahorros y cientos de horas de su propio trabajo con la estructura comprometida. Al ser joven y no tener suficiente experiencia, el hombre no podía diferenciar entre grietas diagonales, que generalmente significan que la estructura completa está retrocediendo, y grietas verticales u horizontales, que son situaciones comunes y el resultado de la expansión y contracción donde las paredes de ladrillo se encuentran con las columnas y vigas de hormigón. Sin embargo, el episodio nos dice una vez más que todo lo que se hace en los edificios más ricos (en este caso, la práctica de reparar parches para ocultar grietas creadas por mampostería mal hecha) será transferido inmediatamente a las favelas. Otro trabajador de la construcción jubilado y líder de la comunidad llamado Don Augusto, me contó sobre su papel como asesor de muchos albañiles más jóvenes que trabajaban en la comunidad. Él llamó a nuestra atención el hecho de que los limitados medios económicos obligan a los habitantes de las favelas a comprar los materiales más baratos disponibles, y lo peligroso que puede ser cuando las personas compran sacos viejos de cemento, más allá de la fecha de vencimiento, que son vendidos con un descuento en las afueras de la ciudad. Con la cura química comprometida, el hormigón resultante puede tener su resistencia reducida a niveles peligrosos. Como albañil experimentado, Don Augusto nos dijo que generalmente puede detectar problemas visualmente por la forma en que se ve el hormigón curado o por la forma en que *siente* al tacto. Ese tipo de conocimiento es invaluable para un vecindario que no puede pagar asistencia técnica.

De hecho, a pesar de la fascinación actual con las favelas como lugares de baja huella de carbono y alto reciclado, encontramos todo lo contrario cuando hablamos con los trabajadores de la construcción que las hacen. Sí, la huella de carbono es pequeña, pero solo debido a la falta de dinero para consumir más. En cuanto al reciclaje y el uso más parsimonioso de los materiales, es sólo en las primeras etapas de una invasión que las chozas son hechas de madera y hojalata. Tan pronto como se ahorra algo de dinero, se compran nuevos materiales (no se ven ladrillos o escombros usados como agregado en las *favelas*), aunque sea el más barato disponible, y se comienza la construcción de paredes de ladrillo reforzadas con columnas y vigas de hormigón. De hecho, dada la incapacidad de mano de obra poco calificada para realizar cualquier cálculo estructural, las columnas y vigas en las favelas casi siempre usan más acero o una sección más grande para compensar los riesgos. Esa observación es confirmada por una conversación con un albañil llamado Geraldo, que intentaba convencerme de que cierta viga que estábamos moldeando en una reforma que diseñé en la década de 1990, necesitaba acero en la parte superior como en la inferior. Incapaz de comprender cómo funciona la flexión en una viga, le costaba entender por qué insistíamos en colocar barras de refuerzo más fuertes en la parte inferior de la viga, donde se produciría más tensión, en lugar de la parte superior, que funciona principalmente bajo compresión. "En la favela," dijo: "Nunca hago esto, para estar seguro siempre uso cuatro piezas de barras de refuerzo de media pulgada en una viga así, y estoy seguro de que nunca se agrietará ni se hundirá." Sin duda, nuestra documentación fotográfica en Acaba Mundo encontró muchas vigas con una sección cuadrada cuando la misma distancia pudo haber sido abarcada con la mitad del volumen de hormigón, la misma altura y la mitad del espesor.

OBSERVACIONES FINALES

La pregunta que sigue a continuación no es tanto acerca de cómo la tecnología moderna se convirtió en vernácula en Brasil, y en la mayor parte del mundo en desarrollo, pero si cuestionar si eso implica en cambios en los arreglos espaciales. No parece haber ninguna duda de que la tecnología del hormigón armado se diseminó rápidamente en Brasil, pero ¿cuánta espacialidad trajo consigo? El hormigón armado transformó la industria de la construcción en Brasil después de su introducción a fines del siglo 19, pero fue solo después del éxito y difusión del movimiento moderno traducido por la clase media que se convirtió en una solución doméstica. Adrián Forty nos recuerda que "en el contexto brasileño, el hormigón se usó para significar la modernidad,"[12] siendo al mismo tiempo el medio y el resultado simbólico de la modernización. La mayoría de las casas construidas antes de la década de 1950, incluso con asistencia profesional, tenían paredes de carga sólidas y vigas de madera que soportaban techos de tejas de cerámica. La diseminación de la losa impermeable, el sistema estructural independiente y las columnas delgadas deben atribuirse a la vanguardia modernista de principios del siglo 20.[13]

INICIALMENTE UNA OCUPACIÓN DE ÉLITE, CON EL TIEMPO EL VOCABULARIO MODERNO (PRIMERO) Y LA ESPACIALIDAD MODERNA (MÁS TARDE) CONTAMINARÍAN TODOS LOS ESTRATOS SOCIALES Y SE CONVERTIRÍAN EN LAS FORMAS CON LAS CUALES SE CONSTRUYERON LAS CIUDADES INFORMALES.

Las diversas entrevistas con los trabajadores de la construcción apoyan esta suposición, mostrando cómo el más eficiente, económico y tecnológico hormigón armado desplazó rápidamente al vernáculo anterior de muros de carga con entramado de madera.

Como resultado, una de las características más singulares del entorno construido en el Brasil contemporáneo es la prevalencia del modernismo de una u otra forma con el tiempo. El país ha crecido rápidamente, y se ha urbanizado aún más rápido desde la década de 1930 hasta la década de 1980, lo que coincide con la hegemonía de la arquitectura moderna. En números mayores, Brasil tenía algo cerca de 2 millones de unidades domésticas urbanas en 1940, año considerado como el punto de inflexión en el modernismo.[14] En 2010, los datos del censo estimaron 42 millones de hogares urbanos. Una vez que los métodos tradicionales de techos de cerámica sobre vigas de madera se volvieron demasiado caros en relación con las nuevas tecnologías, estos fueron abandonados por la gran mayoría de la población brasileña, que ahora podía construir más metros cuadrados en concreto y con el mismo dinero. Dado que 40 de 42 millones de hogares se construyeron entre 1940 y 2010, podemos decir con confianza que más del 90% del entorno construido en Brasil está de alguna manera afiliado a la tecnología moderna. Pero parte de esa diseminación se relaciona también con la estética. El hormigón armado siempre se ha asociado con techos planos y formas cúbicas, ya que estos son los resultados formales más básicos de la técnica de construcción.

Si creemos que la imagen de la modernidad es parte del atractivo del modernismo, entonces también deberíamos estar preparados para ver rastros de dicha imagen en las favelas. Como Peter Kellett nos recuerda, "hay una suposición implícita que subyace en muchos escritos académicos sobre viviendas para personas de bajos ingresos, que la pobreza y la lucha por la supervivencia significarían que las viviendas de los pobres urbanos [...] responden esencialmente y solo a la necesidad básica de refugio."[5] Continúa diciendo que a pesar de las enormes limitaciones económicas, existe una idea del futuro deseado que guía las decisiones sobre el proceso de construcción gradual. Precisamente en esta idea de un futuro imaginario, el famoso modelo de la casa dom-ino de Le Corbusier, las casas de clase media y las estructuras de las favelas se juntan en Brasil. La diseminación de la tecnología y la presencia generalizada del modernismo como la imagen colectiva de un *futuro deseado* permiten discutir el modernismo como la cultura constructora brasileña, "vinculando todos los edificios en conjunto, grandes y pequeños, nacionales y públicos, diseñados por el arquitecto o no."[6] En nuestro caso, lo importante para destacar es que la fuerza de trabajo que construyó el sensual modernismo brasileño de mediados de siglo es exactamente la misma que construyó las favelas.[17] Los mismos albañiles, fontaneros, carpinteros y manos de obra no calificadas que trabajaban de lunes a viernes en los edificios del centro trabajarían fuera de horas, fines de semana y días festivos en sus propias favelas o las de sus vecinos. Siendo ellos los vectores de esta diseminación, es sorprendente percibir en qué grado han sido pasados por alto por los estudios academicos de forma general.

La historiografía de la arquitectura brasileña del siglo 20 apenas ha empezado a estudiar edificios no diseñados por arquitectos. Mientras que los sociólogos, antropólogos, economistas y demógrafos han analizado los fundamentos sociales y económicos de la favela, los arquitectos las han ignorado o han intentado *resolver* los problemas con soluciones formales que son ajenas a los habitantes. Las excepciones son obra del arquitecto João Filgueiras Lima con elementos prefabricados, o los trabajos recientes de Horizontes Arquitetura en Belo Horizonte y Marcos Boldarini en São Paulo. En la academia, los raros trabajos que se encuentran son los de Paola Berenstein en la UFBA y Denise Morato en UFMG. De hecho, aunque el gobierno brasileño ha invertido más de 200 mil millones de dólares en mejoras de infraestructura desde 2004, no hay un esfuerzo similar para documentar la espacialidad de las favelas. Otras disciplinas como la sociología y la antropología tienen una investigación detallada sobre las favelas, pero no sobre su arquitectura. Es difícil encontrar un solo dibujo de una estructura de las favelas incluso en las vastas redes de internet. Algunas tesis o disertaciones que han documentado esos edificios nunca parecen ir más allá de los estantes de la biblioteca. Si queremos comprender la estructura espacial de las ciudades informales brasileñas, y de la mayoría del mundo en desarrollo, debemos documentar esas estructuras y dar voz a las personas que las construyen. De cierta manera, podríamos tener un caso único frente a nosotros, ya que a diferencia de los desarrollos vernáculos anteriores, este sucedió rápidamente (en menos de un siglo) y ha sido muy bien documentado en fotografías, películas y estudios de ciencias sociales. Lo que parece faltar son estudios arquitectónicos que traten de comprender su espacialidad y materialidad. Con mil millones de personas que viven en comunidades urbanas informales de todo el mundo, parece una tarea urgente si vamos a tomar en serio el avance de la sostenibilidad social en paralelo con la sostenibilidad ambiental.

NOTAS

NE. Publicación anterior del texto: Fernando Luiz Lara, "Illiterate Modernists: Tracking the Dissemination of Architectural Knowledge in Brazilian Favelas." in: *Housing and Belonging in Latin America*, org. Arij Ouweneel (Nueva York: Bergham Books, 2015).

1. Fernando Luiz Lara, "Brazilian Popular Modernism: Analyzing the Dissemination of Architectural Vocabulary," *Journal of Architectural and Planning Research* 23/2, Verano 2006, 91-112; Fernando Luiz Lara, *The Rise of Popular Modernist Architecture in Brazil* (Gainesville: University Press of Florida, 2008).

2. Lúcia F. Vaz, *Modernidade e moradia: habitação coletiva no Rio de Janeiro, séculos XIX e XX* (Rio de Janeiro: 7 Letras/FAPERJ, 2002); Licia Valladares, *A invenção da favela: do mito de origem a favela.com* (Rio de Janeiro: FGV, 2005).

3. Adrian Forty, "Cement and Multiculturalism," in *Transculturation: Cities, Spaces and Architectures in Latin America*, orgs. Felipe Hernández, Mark Millington y Iain Borden (Amsterdam/Nueva York: Rodopi, 2005), 144-154; Lara, *The Rise of Popular Modernist Architecture in Brazil*.

4. Carlos Alberto Ferreira Martins, "Identidade nacional e Estado no projeto modernista. Modernidade, Estado e tradição," in: *Textos fundamentais sobre história da arquitetura moderna brasileira – parte 1*, org. Abilio Guerra (São Paulo: Romano Guerra, 2010), 279-298; Adrian Gorelik, *Das vanguardas a Brasilia: cultura urbana e arquitetura na América Latina* (Belo Horizonte: Editora UFMG, 2005).

5. Lara, *The Rise of Popular Modernist Architecture in Brazil*, 176.

6. Néstor García-Canclini, *Hybrid Cultures: Strategies for Entering and Leaving Modernity* (Minneapolis: University of Minnesota Press, 1995).

7. Peter Kellett, "The Construction of Home in the Informal City," in: *Transculturation*, orgs. Hernández, Millington y Borden, 30. Traducción libre.

8. Lara, "Brazilian Popular Modernism;" Lara, *The Rise of Popular Modernist Architecture in Brazil*.

9. Se estima que el sector formal de la construcción en Brasil emplea a 1,5 millones de personas, mientras que el sector informal emplea a otro millón. De estos números, estimo que al menos la mitad o 1.2 millones de trabajadores no están calificados, no tienen capacitación formal y al estar en la parte inferior de la pirámide de ingresos muchos de ellos probablemente vivirian en los lotes o favelas informales. "Informalidade na Construção Civil," *Conjuntura da Construção*, 2005; Ricardo Paes de Barros, Ricardo Henriques y Rosane Mendonça, *A estabilidade inaceitável, desigualdade e pobreza no Brasil* (Rio de Janeiro: IPEA, 2001).

10. Como presentado en la introducción de este libro, fueron vários los compañeros estudiosos de la arquitectura que se mostraron recelosos a la idea de que la tecnica o la espacialidade moderna tengan llegado hasta las favelas.

11. Slomo Angel, *Housing Policy Matters: A Global Analysis* (Oxford: University Press, 2000).

12. Forty, "Cement and Multiculturalism," 144. Traducción libre.

13. Fernando Luiz Lara, "One Step Back, Two Steps Forward: The Maneuvering of Brazilian Avant-Garde," *Journal of Architectural Education* 55/4, Londres, 2002, 211-219.

14. En 1940, Oscar Niemeyer diseñó el Hotel Ouro Preto, que hoy es visto como el punto de inflexión del modernismo en Brasil. Al construir una estructura moderna mezclada con elementos de la arquitectura tradicional en el corazón de la principal colección de edificios coloniales en Ouro Preto, el grupo modernista desmanteló la argumentación de sus oponentes acerca de que el modernismo no era lo suficientemente brasileño, y estableció para sí mismo una autoridad sobre el futuro y el pasado al mismo tiempo.

15. Kellett, "The Construction of Home in the Informal City," 25. Traducción libre.

16. Howard Davis, *The Culture of Building* (Nueva York: Oxford University Press, 1999), 8. Traducción libre.

17. Fernando Luiz Lara, "The Form of the Informal. Investigating Brazilian Self-built Housing Solutions," in: *Transculturation*, 23-38.

ORIENTE, OCCIDENTE, ALTO Y BAJO

CÓMO EL MODERNISMO VERNÁCULO BRASILEÑO LO PROBLEMATIZA TODO

TRADUCCIÓN DE SILVIA MARCELA CALDERÓN

EL TÉRMINO OCCIDENTE SE CONVIRTIÓ EN SINÓNIMO DE UN SISTEMA DE VALORES ORIGINADO EN EUROPA, QUE AHORA TAMBIÉN INCLUYE A LOS ESTADOS UNIDOS, CANADÁ Y AUSTRALIA. QUE TODAS ESAS SEAN ANTIGUAS COLONIAS BRITÁNICAS NO ES UNA COINCIDENCIA.

El sistema cultural que supuestamente[1] evolucionó de la herencia Greco-Romana ha sido claramente apropiado y celebrado por la idea anglosajona de *Occidente*, mientras que otras contribuciones significativas son descartadas o olvidadas.[2] Por ejemplo, es común encontrar la exclusión de América Latina del llamado Oeste, a pesar de su historia en común. A finales del siglo 20, el Ocidente se convirtió en sinónimo de la Organización del Tratado del Atlántico Norte – OTAN, y esto no debería sorprendernos porque, como demostró Edward Said hace cuarenta años, el acto de etiquetar es inequívocamente un acto de poder.[3]

En este capítulo se argumenta que, para la arquitectura, el término Occidente se está volviendo obsoleto. Usando la arquitectura brasileña como ejemplo, quiero discutir cuánto más fructífero sería pensar en relaciones verticales (altas-bajas) en cada región. La reconciliación de la arquitectura y la cultura popular ha sido considerada inalcanzable por muchos.[4] Si la arquitectura moderna, en sus raíces, enfatizó programas e ideales dirigidos a las masas, esta se alejó progresivamente de las demandas populares hasta que en la década de 1970, uno de los principales argumentos para su rechazo fue que nunca alcanzó la popularidad deseada. Por lo tanto, al contrario de lo que argumentaban los posmodernistas, la arquitectura moderna fue tan popular en Brasil que en se convirtió en vernácula – como presentado en capítulos anteriores de este libro.

SI BIEN LA ARQUITECTURA DE ÉLITE SE HA HOMOGENEIZADO EN LOS ÚLTIMOS DOCIENTOS AÑOS, LAS TRADICIONES LOCALES AÚN SE MANIFIESTAN EN EDIFICIOS NO DISEÑADOS POR ARQUITECTOS.

Desde las viviendas suburbanas hasta los sectores urbanos vernáculos e informales, las prácticas de construcción que escapan del alcance de los arquitectos constituyen la mayoría del tejido urbano contemporáneo, sin embargo rara vez son estudiadas cuidadosamente y/o son consideradas seriamente en relación con el canon arquitectónico. ¿Qué significa tener un modernismo vernáculo? ¿Y qué tan global es realmente?

Al combinar dos realidades supuestamente irreconciliables (oriente/occidente y alto/bajo), este capítulo cuestiona la utilidad de todas ellas en el debate académico contemporáneo.

EL MODERNISMO VERNÁCULAR BRASILEÑO

Cuando Walter Gropius visitó en 1955 la propia casa de Oscar Niemeyer en Canoas (finalizada el año anterior), comentó que la casa era realmente hermosa, pero que no podía ser producida en masa. Los comentarios de Gropius hicieron eco durante décadas entre los arquitectos brasileños que interpretaron sus comentarios como amargas críticas. Debido a que se estaba utilizando poca prefabricación en Brasil, el país no podía figurar entre las principales naciones en termos de arquitectura, a pesar de las bellas formas de sus edificios.

Lo que es interesante percibir de la amplia diseminación de la arquitectura moderna en Brasil, es la brecha sorprendente entre la producción y la reproducción. Si bien la casa de Niemeyer no podía ser producida en masa como creía Gropius que debían ser todas las casas, su estética se estaba reproduciendo en ese mismo momento en cientos de miles de casas de clase media.[5]

Como ya discutido anteriormente, en la mayoría de los países la arquitectura moderna nunca ha sido popular. Esta afirmación se encuentra entre las razones más publicitadas del fracaso del modernismo.[6] Sin embargo, en Brasil en la década de 1950, el modernismo fue muy popular. De hecho, estaba en el núcleo de la identidad nacional moderna y jugó un papel muy importante en la cultura brasileña de la época.[7] En Brasil, la década de 1950 fue un momento único para el desarrollo de la imagen propia de la nación. Esto se debió no solo al éxito de su arquitectura moderna en el exterior, sino también a su optimismo, relativa estabilidad política y económica, y a la aceleración del modelo de desarrollo nacional, especialmente en la segunda mitad de la década.

La arquitectura de aquellos días tuvo un gran impacto en la forma cómo las ciudades brasileñas se ven hoy en día, incluso sesenta años después, como discutido en capítulos anteriores de este libro.

UNO DE LOS PRINCIPALES OBSTÁCULOS PARA RECONOCER LA DISEMINACIÓN DEL VOCABULÁRIO FUERA DE LOS LÍMITES DISCIPLINARIOS DE LA ARQUITECTURA ES QUE RARA VEZ OCURRE EN UNA FORMA PURA, COMO ES PREFERIDA POR LOS ARQUITECTOS.

En cambio, como también muestra el caso brasileño, el nuevo vocabulario formal se mezcla libremente con elementos y arreglos espaciales antiguos.

En los capítulos anteriores debatimos el hecho de que la escala de la diseminación, desde barrios de clase media, loteamientos de clase trabajadora, hasta las favelas más pobres, permiten definir sus características como vernáculas. Los humildes edificios de las favelas no se deben celebrar, sino estudiar e historizar.[8] Están lejos de ser el ideal, pero son una parte integral del entorno construido en Brasil – y en la mayoría del mundo en desarrollo. Diferentes grados de informalidad están correlacionados con diferentes grados de vulnerabilidad, no de una manera dicotómica más en una escala móvil que se mueve dependiendo de los ingresos y las clases. En conjunto, las estructuras no diseñadas por arquitectos representan aproximadamente el 80 por ciento del tejido urbano en Brasil, un total de 40 millones de hogares que albergan a 150 millones de personas.

LECCIONES DE UN MODERNISMO POPULAR

¿Qué aporta el fenómeno del modernismo popular al debate arquitectónico actual? O, en otras palabras, ¿cómo este fenómeno único se relaciona con la multiplicidad de teorías y propuestas arquitectónicas actuales? Al tratar de ubicar el fenómeno del modernismo popular dentro de estos marcos ampliados, aparecen dos cuestiones principales. El primero se refiere a la ubicación del modernismo popular a lo largo del espectro que va desde el modernismo hasta el posmodernismo. El segundo se refiere a su posición en el debate centro-periferia. Para comprender mejor ambos temas, debemos volver a considerar la idea de universalización en las raíces de la modernidad tal como la definieron Jürgen Habermas y Georg Wilhelm Friedrich Hegel.[9]

El cuestionamiento sobre si la modernidad es un proceso continuo o algo pasado es importante, ya que es la base de todo el debate sobre la posmodernidad en los años 1970 y 1980, y además, aún enmarca mucho de lo que se discute hoy en la teoría de la arquitectura. Después de la fuerte reacción contra los dogmas modernistas que comenzó con Robert Venturi en 1966 y culminó en la *Strada Novissima* en la Bienal de Venecia de 1980, la crítica arquitectónica regresó gradualmente al movimiento moderno como referencia. La actual abundancia de libros y artículos académicos que revisan la arquitectura moderna refleja cuán importante aún es el modernismo.

El modernismo popular se convierte en un apéndice interesante de este redescubrimiento más amplio del movimiento moderno por varias razones. La primera y más importante es la conjunción de esas dos palabras: popular y modernismo. La reconciliación del modernismo y la popularidad parece inalcanzable para los defensores del posmodernismo. Si en sus orígenes la arquitectura moderna tenía programas e ideales dirigidos a las masas, esta se alejó de las demandas populares a lo largo del tiempo (después de la Segunda Guerra Mundial) y del espacio (en los Estados Unidos). En la década de 1970, uno de los principales argumentos para descartar la arquitectura moderna era que nunca había sido popular.[10] El postmodernismo, con su collage de elementos clásicos, fue propuesto como una solución alternativa para reconciliar la arquitectura y el gusto popular. Por lo tanto, es sorprendente aprender que, contrariamente a lo que los posmodernistas han argumentado, al menos en Brasil la arquitectura moderna ha sido popular. Pero ni siquiera los arquitectos brasileños reconocieron la importancia de este fenómeno en ese momento, y los críticos europeos y norteamericanos tenían razón al decir que el modernismo nunca había sido popular en sus países. En Florida y California, la difusión del vocabulario modernista fue considerablemente mayor que en el resto de América del Norte. Pero incluso allí no logró la escala de diseminación a través de los estratos sociales que logró en Brasil. Pero mi objetivo en esta discusión no es repetir los argumentos de los posmodernistas versus los modernistas, sino examinar en qué medida el modernismo popular brasileño puede articularse a un debate más amplio. Un fenómeno similar ocurrió en México, Turquía e India, países que adoptaron el modernismo de una manera similar a Brasil.

Pero el alcance impresionante del caso brasileño, sumado al hecho de que casi ningún arquitecto estuvo involucrado en él, y teniendo en cuenta la libertad con la que los elementos de la arquitectura moderna se recombinaron en las fachadas, representa un fuerte argumento a favor de que el modernismo puede ser popular.[11]

En este sentido, es interesante revisar algunas de las definiciones de la posmodernidad como una transformación cultural más amplia. Fredric Jameson, por ejemplo, afirmó en su clásico *El posmodernismo o la lógica cultural del capitalismo avanzado* que el posmodernismo describe un "populismo estético, que traspasa los límites entre la cultura alta y la baja."[12] Esto es precisamente lo que hizo el modernismo popular brasileño, logrando una estética que podríamos calificar como populista. Además, eso seguramente cruza los límites entre la alta y baja cultura. Bajo la definición de Jameson, ¿debería llamarse *posmodernismo popular* lo que sucedió en Brasil en la década de 1950? ¿Inauguró esta apropiación brasileña el posmodernismo, una década antes que Venturi y 25 años antes de la *Strada Novissima*?

Esto nos lleva a la segunda pregunta: ¿Dónde se ubica el modernismo popular en el contexto ampliado del centro contra la periferia dentro del ámbito arquitectónico? Como dije anteriormente, uno de los principales debates en la teoría arquitectónica se refiere a la dicotomía centro-periferia. Comúnmente se argumenta que las ideas arquitectónicas universales se producen en muy pocos lugares (Londres, París, Ámsterdam, Nueva York) y todos los demás lugares se reducen a consumidores de tendencias arquitectónicas.

Cuando hoy observamos a todo el mundo, inevitablemente percibimos una sorprendente homogeneización de la arquitectura. O al menos la homogeneización de la arquitectura *erudita*. Cajas modernistas blancas con paneles de acristalamiento completo se construyen en Santiago de Chile como en Yakarta, en Seúl, así como en Ciudad del Cabo, en Rio de Janeiro y Helsinki. Una estética modernista sin ninguno de los poderes transformadores de la vanguardia (ni siquiera su intención).

ES BASTANTE PROBLEMÁTICO QUE LOS MEJORES ARQUITECTOS QUE SE GRADÚAN HOY DE NUESTRAS MEJORES ESCUELAS TRABAJEN BAJO UN VOCABULARIO HOMOGÉNEO A PESAR DE ESTAR EN LADOS OPUESTOS DEL MUNDO.

Al argumentar en contra de los peligros culturales de esta realidad, Kenneth Frampton propuso su teoría del regionalismo crítico a principios de la década de 1980, con la esperanza de preservar las culturas locales de la amenaza de las corrientes universalizantes.[13] Para Frampton, las tendencias universales deberían combinarse con las necesidades locales y las influencias culturales para generar una arquitectura que pudiera responder a la cultura local así como a la civilización universal. El núcleo del argumento de Frampton es sólido, pero creo que a veces se ha utilizado indebidamente para promover a unos pocos arquitectos seleccionados a dedo para que personifiquen el regionalismo crítico y los eleve al estatus de representantes culturales. Según lo discutido por Keith Eggener, "Es irónico que los escritores que discutieron sobre los lugares donde aparecieron estos diseños a menudo enfatizarón la interpretación de un arquitecto de la región sobre todas los demás: Tadao Ando para Japón, Oscar Niemeyer para Brasil, Charles Correa para India y Luis Barragán para México. En otras palabras, un único estilo regional correcto fue implícito, o impuesto, a veces desde adentro, más a menudo desde afuera de la región."[14]

El regionalismo crítico opera en una sola dirección, desde el centro hacia la periferia, con poca o ninguna posibilidad de que asuntos periféricos influyan en los centros. En este sentido, un modernismo vernáculo sería lo opuesto al regionalismo crítico, escapando del filtro necesario del arquitecto informado y racional, y en cambio operando a través de un constructor distraído, pero no menos racional, sin formación arquitectónica. En el modernismo vernáculo brasileño, un gran número de edificios muestran elementos del modernismo universal, seleccionando y rechazando aspectos del canon moderno, y combinándolos con los requisitos locales. La naturaleza híbrida de este modernismo vernáculo se alinea con el regionalismo crítico de Frampton, pero la dirección principal de influencia es diferente.

Mientras que el regionalismo crítico exige que los arquitectos extraigan elementos de lo vernáculo y los vuelvan a articular en edificios de alto nivel, el caso Brasileño ejemplifica precisamente lo contrario: los elementos de la alta arquitectura son apropiados por los legos y rearticulados en lo vernáculo.

Mientras que el regionalismo crítico de Frampton problematiza la aculturación, el modernismo vernáculo brasileño señala un proceso mucho más complejo de transculturación.[15]

Las fachadas, por ejemplo, fueron compuestas para representar la inserción de los propietarios en la modernidad – o al menos su deseo de inclusión – mientras que las plantas inicialmente demostraban su rechazo a ceder ante la vida moderna, y la insistencia en un diseño tradicional basado en la realidad de los años cincuenta. Sin embargo, en la década de 1960, la planta conservadora estaba evolucionando lentamente hacia nuevos arreglos espaciales, impulsados por las demandas de una nueva dinámica familiar. Incluso en las fachadas *modernas* prevalece una combinación de lo moderno y tradicional, alto y bajo, y local y universal.

SI EL ESPECTRO ALTO/BAJO PUEDE INVERTIRSE, NECESITAMOS INVESTIGAR LA POSIBILIDAD DE INVERTIR TAMBIÉN LA ECUACIÓN CENTRO-PERIFERIA.

En otras palabras, ¿dónde encajan el modernismo brasileño en general, y el modernismo popular en particular en esta ecuación? Por un lado, el modernismo popular tiene sus raíces en el arte elevado así como en el modernismo europeo, que están en el centro de la arquitectura moderna. Estos hechos acercan al modernismo popular más al centro que a la periferia. Incluso la arquitectura moderna brasileña que inspiró la apropiación popular no era completamente periférica, siendo referenciada en todos los compendios de la historia de la arquitectura moderna. Por lo tanto, el modernismo popular tiene fuertes conexiones con el centro.

Pero el modernismo popular brasileño no sería lo que es si las influencias de lo vernáculo y lo tradicional no estuvieran presentes en su fórmula. Lo vernáculo (o las manifestaciones bajas de los legos que construyen por sí mismas) como también la influencia de la arquitectura tradicional son completamente periféricas, lo que aumenta la complejidad de localizar este fenómeno.

En resumen, sería posible argumentar que ahora que el mundo es plano – al menos en la punta de los icebergs eruditos –, es necesario mirar verticalmente, y no horizontalmente, para encontrar diversidad e invención. La escala y velocidad sin precedentes en el flujo de información han homogeneizado la arquitectura mundial, haciendo irrelevante la dicotomía Este-Oeste. Pero eso solamente si insistimos en mirar la arquitectura de élite construida para clientes adinerados, instituciones culturales de alto nivel y corporaciones globales.

Mire un poco las diferentes capas sociales y así empieza a ver la verdadera diversidad. El mundo podrá ser plano en la parte superior, pero muy profundo una vez que se examinan las apropiaciones locales.

NOTAS

NE. Publicaciones anteriores del texto: Fernando Luiz Lara, "East, West, High, Low: How Brazilian Modernist Vernacular Problematizes It All," in: *Non West Modernist Past: On Architecture and Modernities*, orgs. William Lim y Jiat-Hwee Chang (Singapore: World Scientific, 2011).

NA. En este libro utilizo los términos *alta* y *baja* arquitectura como traducción del inglés *high* and *low*. Aunque consciente que estas palabras no sean normalmente utilizadas en la lengua española para referirse a arquitecturas de elite y arquitecturas populares. Entiendo por *alta* toda manifestación arquitectónica, diseñada por arquitectos diplomados y dirigida a un público de altos ingresos y a veces publicados en revistas especializadas. Por *baja* entiendo la arquitectura dicha vernácula, construida sin la participación de arquitectos diplomados, y que constituye la gran mayoría del tejido de las ciudades de América Latina. No me parece correcto decir *arquitectura culta* por entender que cultura tenemos todos. Tampoco me gusta escribir *arquitectura vernácula* porque, como discutido en los primeros tres capítulos del libro, el vernáculo presupone una absorción y difusión que no siempre está presente en la totalidad del tejido que se opone a esta arquitectura de elite.

1. Enrique Dussel, "Europe, Modernity and Eurocentrism," *Nepantla: Views from South* 1/3, 465-478.

2. Jorge Cañizares-Esguerra demonstra en el libro *Puritan Conquistadors* que las diferencias entre la colonización española y la inglesa fueron una invención británica del siglo 19. Jorge Cañizares-Esguerra, *Puritan Conquistadors: Iberianizing the Atlantic, 1550-1700* (Stanford: Stanford University Press, 2006).

3. Edward Said, *Orientalism* (Nueva York: Vintage, 1979). El término OTANcentrismo (*NATO-centrism* en inglés) ha sido utilizado por intelectuales rusos desde finales del siglo 19 como sinónimo de la política de contención de la OTAN con relación a las antiguas repúblicas soviéticas. Como sinónimo de *occidente* este término fue utilizado por primera vez por este autor, en un texto de la revista *Platform* en 2015.

4. Andreas Huyssen, *After the Great Divide: Modernism, Mass Culture, Post-Modernism* (Bloomington: Indiana University Press, 1986).

5. Fernando Luiz Lara, *The Rise of Popular Modernist Architecture in Brazil* (Gainesville: University Press of Florida, 2008).

6. Brent C. Brolin, *The Failure of Modern Architecture* (Nueva York: Van Nostrand Reinhold, 1976); Robert Venturi, *Complexity and Contradiction in Architecture* (Nueva York: MoMA, 1966).

7. Hugo Segawa, "The Essentials of Brazilian Modernism," *Design Book Review* 32/33, Berkeley, 64-68; Richard Williams, *Brazil: Modern Architectures in History* (Londres: Reaktion Books, 2009).

8. Bernard Rudofsky, *Architecture Without Architects* (Nueva York: MoMA, 1964).

9. Jürgen Habermas, *The Philosophical Discourse of Modernity: Twelve Lectures* (Cambridge: MIT Press, 1987).

10. Venturi, *Complexity and Contradiction*; Charles Jencks, *The New Moderns: From Late to Neo-modernism* (Nueva York: Rizzoli, 1990).

11. Fernando Luiz Lara, "Modernism Made Vernacular: The Brazilian Case," *Journal of Architectural Education* 63/1, Londres, Otoño 2009, 41-50.

12. Fredric Jameson, *Post Modernist or the Cultural Logic of Late Capitalism* (Londres: Verso, 1991). Traducción libre.

13. Kenneth Frampton, "Modern Architecture and Critical Regionalism," *Transactions* 3, 15-25.

14. Keith Eggener, "Placing Resistance: A Critique of Critical Regionalism," *Journal of Architectural Education* 55/4, Londres, 2002, 230. Traducción libre.

15. Felipe Hernández, *Transculturation: Cities, Spaces and Architectures in Latin America* (Amsterdam: Rodolpi, 2005).

PENSAMIENTO DE LA AMÉRICA LATINA — EXCEPCIONALIDAD DEL MODERNISMO BRASILEÑO

¿AMERICANIZACIÓN O BRASILIANIZACIÓN?

INTERCAMBIOS ARQUITECTÓNICOS ENTRE BRASIL Y LOS EUA 1939-1964

TRADUCCIÓN DE SILVIA MARCELA CALDERÓN

LA ARQUITECTURA MODERNA BRASILEÑA HA SIDO VISTA TRADICIONALMENTE COMO UNA DESCENDIENTE TROPICAL DE LE CORBUSIER, CON ÉNFASIS EN LA FORMA LIBRE. SI BIEN NO PODEMOS NEGAR ESA GENERALIZACIÓN, ACTUALMENTE ESTÁ CLARO QUE ESTA IMPLICA UNA SIMPLIFICACIÓN EXTREMA DE LO QUE FUE UNO DE LOS PROYECTOS MODERNOS MÁS EXITOSOS DEL PLANETA.

La relación entre Brasil y la vanguardia europea se ha investigado de manera exhaustiva, pero poca atención ha sido dada a los intercambios de los ámbitos arquitectónicos en el siglo 20 entre Norteamérica y América del Sur. A pesar de eso, las políticas culturales de los Estados Unidos de la década de 1940 jugaron un papel importante en la difusión del modernismo brasileño en el exterior, y el éxito de esa modernidad sureña también influyó a los EE.UU. durante la siguiente década. Hasta el día de hoy nadie ha trabajado esa contra-influencia de manera rigurosa. Kenneth Frampton publicó un artículo titulado "Le Corbusier and Oscar Niemeyer, Influence and Counter-Influence 1929-1965" en un libro editado por Malcom Quandrill, en el cual sugiere, pero no desarrolla, dicha contra-influencia. Mientras tanto, los arquitectos brasileños prestaron mucha atención a las tendencias y debates de América del Norte, y la tremenda penetración de la industria cultural norteamericana también incluía cuestiones relacionadas con el entorno construido.

SIN EMBARGO, LA INFLUENCIA BRASILEÑA EN LA ARQUITECTURA DE LA POSGUERRA, NUNCA HA RECIBIDO LA ATENCIÓN QUE SE MERECE, ESPECIALMENTE EN EL CONTEXTO DE AMÉRICA DEL NORTE.

Recíprocamente, la influencia norteamericana ha sido minimizada en Brasil por varias razones que intentaré exponer aquí. Los malentendidos son abundantes en el intercambio arquitectónico entre los Estados Unidos y Brasil, y el edificio sede de la Organización de las Naciones Unidas – ONU (1947-52) podría ser un gran ejemplo al respecto. Este ensayo parte de una serie de encuentros y desconexiones para descubrir algunos de esos intercambios, y cuestionar hasta qué punto debemos pensar que los EUA se brasilienizaron, y no al revés, como es habitual que sea entendido.[1]

1946: la guerra ha terminado, la prensa arquitectónica se pone de pie, y el mapa arquitectónico global comienza a ser rediseñado. Muchos de los pioneros de la Bauhaus están ahora en los Estados Unidos. Europa está planificando su reconstrucción y el Congreso Internacional de Arquitectura Moderna – CIAM se está reorganizando en camino hacia su 6ª reunión en Inglaterra. Pero fuera del eje Nueva York-París-Londres otros modernismos están floreciendo. La colección más sorprendente de edificios modernos publicada inmediatamente después de la Segunda Guerra Mundial provino de otra América: Brasil. Como nos recuerda Carlos Alberto Ferreira Martins, tuvimos en Brasil una cantidad impresionante de edificaciones modernas de alta calidad construidas entre 1936 y 1945.[2] Consecuentemente, entre 1947 y 1949 se publicaron más de cien artículos sobre Brasil en las principales revistas de arquitectura de América del Norte y Europa.³ Este entusiasmo con la producción tropical modernista no perduraría, y para finales de la década de 1950, Brasil volvería a una posición periférica a pesar de la construcción de Brasilia. Según Valerie Fraser⁴ hubo un movimiento que llevó la arquitectura moderna brasileña de la celebración al olvido.⁵ Como señala Francisco Liernur, a mediados de la década de 1950, los medios arquitectónicos habían cambiado su impresión sobre Brasil: "la fuerza de la naturalidad, el impulso de la juventud y el misterio del mito" se convirtieron respectivamente en "impulsos infantiles, anarquía de la selva y sensualidad sobrecargada."⁶

Curiosamente, el año de 1947 marca el pico de la exposición brasileña en el exterior y también trae las semillas de su olvido. Mientras las revistas *Architectural Forum* y *L'Architecture d'Aujourd'hui* publicaron números exclusivos sobre Brasil, las experiencias de dos de los arquitectos brasileños más importantes (João Vilanova Artigas y Oscar Niemeyer) en los Estados Unidos, separarían a los dos países, en lugar de conectar sus desarrollos arquitectónicos.

EL PAPEL DE LOS ESTADOS UNIDOS EN LA FORMACIÓN DEL MODERNISMO BRASILEÑO

Las palabras de Woodward-Smith en *Architectural Forum*,⁷ las cuales retratan a Brasil como una tierra de inmensos contrastes fáciles de caricaturizar pero difíciles de penetrar y comprender, describen muy bien la actitud norteamericana hacia nuestro país. Esa dificultad persiste, y hasta el día de hoy los medios de comunicación de los Estados Unidos aún retratan a Brasil como la tierra de lo exótico, caótico y erótico. No sería, entonces, ninguna sorpresa cuando en 1947, los editores de *Architectural Forum* parecieron sorprendidos por el hecho de que Brasil estaba construyendo tanto y de forma tan moderna. De hecho, Estados Unidos había jugado un papel importante en la divulgación de esta

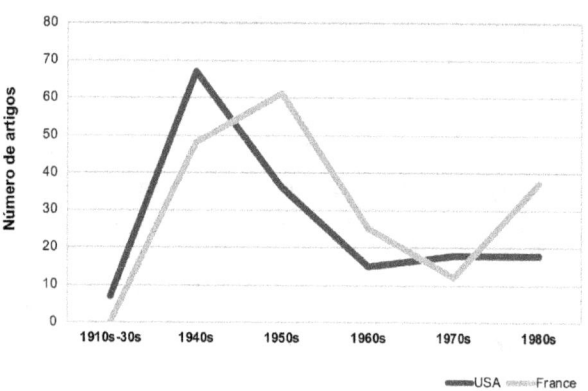

Arquitectura brasileña publicada en los Estados Unidos y en Francia, 1941-1959. Acervo Fernando Luiz Lara

arquitectura en el exterior. Sin embargo, es ampliamente conocido que los arquitectos brasileños en ese momento estaban mucho más conectados a Europa. Justo después de la Segunda Guerra Mundial, la prensa francesa, aún frágil, publicaba más sobre la arquitectura brasileña que las revistas estadounidenses, reforzando la tradicional conexión parisina con Brasil. Pero la diferencia no fue tan significativa como la historiografía insistió en retratar, y una serie de eventos en los EE.UU. jugaron un papel importante en el *descubrimiento*, y más tarde en la *desaparición* de Brasil.

Los primeros intercambios de la arquitectura moderna entre Brasil y EE.UU. se corresponden a 1931, cuando Frank Lloyd Wright visitó Rio de Janeiro para participar como jurado del Concurso Internacional del Faro de Colombo, en República Dominicana, organizado por la Unión Panamericana de Arquitectos.[8] Frank Lloyd Wright dio conferencias, visitó edificios y dio declaraciones apoyando las modificaciones curriculares modernistas introducidas por Lúcio Costa en la Escola Nacional de Belas Artes – ENBA en el año anterior. En el momento de la visita de Wight, Costa ya había sido destituido de la dirección de la escuela por los académicos que resistían a sus cambios, y los estudiantes estaban en huelga para tratar de reintegrarlo. Costa nunca fue reintegrado como director, pero algunos estudiantes que participaron de la huelga: Oscar Niemeyer, Affonso Reidy, Carlos Leão, Jorge Moreira, Roberto Burle

Marx y Luis Nunes, luego serían conocidos como la generación más talentosa de arquitectos brasileños de todos los tiempos.

¿BUENOS VECINOS?

Más tarde en la década de 1930, con el advenimiento de la Segunda Guerra Mundial, las elites de Nueva York y Washington idearon una serie de iniciativas culturales para América Latina, denominadas de política del buen vecino. Como anticiparon David Rockefeller y otros, las fuerzas internas de Brasil (y de otros países latinoamericanos) no sabían con seguridad si el nuevo centro del Hemisferio Occidental sería Nueva York o Berlín. Con el eje avanzando en dirección a Europa, al Norte de África y al Este de Asia, América Latina se transformó en un lugar decididamente estratégico. La política de buen vecino[9] fue diseñada para reforzar la influencia de EE.UU. en el Nuevo Mundo y evitar la expansión de ideas pro-germánicas. Entre los resultados más conocidos de esta iniciativa cultural están las películas de Walt Disney sobre Brasil y México, y la carrera de Carmen Miranda, primero en Broadway y más tarde en Hollywood. Pero la arquitectura también tuvo su parte, con la exposición del Museo de Arte Moderna – MoMA de Nueva York. Esta fue el resultado de la política de buen vecino como también del éxito del pabellón Brasileño en la Feria Mundial de Nueva York de 1939.

MODERNISMO BRASILEÑO EN EL EXTERIOR

La arquitectura moderna brasileña se estrenó en los medios de comunicación arquitectónicos internacionales en 1939, con el Pabellón Brasileño en la Feria Mundial de Nueva York. Las dos figuras más importantes de la arquitectura brasileña moderna: Lúcio Costa y Oscar Niemeyer, tuvieron su primera exposición mediática

Pabellón de Brasil en la Feria Mundial de Nueva York, Nueva York NY. Lúcio Costa y Oscar Niemeyer, 1939. Acervo New York Public Library

internacional con el diseño del pabellón. Costa ganó el concurso organizado por Itamaraty, y Niemeyer quedó en el segundo lugar. Anticipando el talento de Niemeyer, Costa convenció al Ministerio de Asuntos Exteriores de Brasil de que ambos arquitectos deberían trabajar juntos para lograr un tercer diseño que combinara lo mejor de ambas propuestas. La asociación tuvo como resultado un edificio curvilíneo, elegante y bastante distinguido. Algunas de las marcas registradas de Niemeyer, como el espejo de agua y los contornos

Pabellón de Brasil en la Feria Mundial de Nueva York, Nueva York NY. Lúcio Costa y Oscar Niemeyer, 1939. Acervo New York Public Library

curvos, también estaban presentes. Pero en ese momento, la forma libre se restringió a una caja sostenida por pilotis. La prensa arquitectónica comentó sobre el modernismo del pabellón Brasileño en tiempos de nacionalismos exacerbados, pero eso fue tan solo una introducción a lo que sucedería cuatro años después.

1943: LA CONSTRUCCIÓN BRASILEÑA EN EL MOMA

En los medios de comunicación norteamericanos especializados en arquitectura, el pabellón brasileño en Nueva York fue descrito como una variante de los edificios de Le Corbusier y de la realidad tropical.[10] La combinación de volúmenes corbusianos con sensuales curvas llamó la atención del *métier* arquitectónico de Nueva York, y con el apoyo de la política del buen vecino, en 1943 se organizó una exposición especial en el MoMA.

El catálogo de la exposición *Brazil Builds* [construcción brasileña, en traducción libre], de Philip Goodwin, se convirtió en el primer libro sobre arquitectura moderna brasileña publicado en inglés. Goodwin presenta la mezcla de modernidad y patrimonio articulada en los primeros edificios modernistas. Por primera vez se publicaba en el exterior la articulación del efecto barroco y con las formas modernas, reforzando la posición de Costa y del joven grupo de arquitectos que luchaban por encargos y contratos en Brasil. Con el éxito de edificios como el Ministerio de Educación y Salud, el Pabellón de NY, el Grande Hotel Ouro Preto, y la celebración internacional del Conjunto de Pampulha (se publicaron fotos de los edificios en construcción en el *Brazil Builds*), los modernos ganaron la batalla en casa.[11] Esa vitoria fue fundamental para la conquista del apoyo del estado, y para consolidar la hegemonía moderna en el país.[12]

LA BRASILIANIZACIÓN: 1947 Y MÁS ALLÁ

Después de todos esos intercambios, la exposición mediática de la arquitectura brasileña alcanzó su punto máximo en 1947. En aquel año se publicaron más artículos sobre el modernismo brasileño que en las siguientes cinco décadas. Con un número especial en *Architectural Forum* y otro en *L'Architecture d'Aujourd'hui*, los proyectos brasileños fueron la mayor novedad arquitectónica de la posguerra.

En 1947, la pregunta formulada en los medios de comunicación norteamericanos fue: "¿Cómo es posible que un país tan atrasado haya construido tanto y tan moderno?" La contradicción inherente a la pregunta todavía me desconcierta: si Brasil estaba construyendo tanto y tan moderno, ¿tal vez ya no fuera tan atrasado? Pero si estamos de acuerdo en que todo texto revela tanto sobre el autor como sobre el objeto, todavía hay mucho por explorar aquí.

Fue en Nueva York, y también en 1947, que tuvo lugar el encuentro más mítico y incomprendido de la arquitectura brasileña, europea y norteamericana: el edificio de la sede de las Naciones Unidas, diseñado por un grupo de arquitectos que contó con la participación fundamental de Oscar Niemeyer.

Diseñado por un grupo de once arquitectos llevados a Nueva York,[13] el edificio de la ONU fue durante mucho tiempo percibido como el resultado de una disputa entre Le Corbusier y Wallace Harrison.

LOS REGISTROS EN LOS PERIÓDICOS DE 1947 DESCRIBEN CUIDADOSAMENTE AL EDIFICIO COMO EL RESULTADO DE LA COLABORACIÓN ENTRE ONCE ARQUITECTOS, CON ATENCIÓN PARTICULAR A CORBUSIER, HASTA ENTONCES EL MÁS FAMOSO DE TODOS.

Poco después, sin embargo, el registro de la participación de nueve de ellos desapareció casi por completo, y el edificio fue descrito como la colaboración (o más bien embate) entre Harrison y Corbusier unicamente.[14] En 1952, luego después de la inauguración del edificio, el nombre de los otros nueve colaboradores ya figuraba como una nota de pie de página. El olvido de Niemeyer es aún más sorprendente ya que muchos testimonios cuentan que su propuesta de número 32 fue la elegida, y más tarde modificada por Corbusier, creando el híbrido 32-23.[15] El hecho de que un arquitecto brasileño fuera responsable por una de las colaboraciones arquitectónicas más importantes -si no la más importante- después de la Segunda Guerra Mundial, seguramente tendría un impacto en cómo se percibirían la americanización y la brasilianización.

En las monografías sobre Niemeyer, las historias de su propuesta 32 y la propuesta modificada de Corbusier 32-23 han sido contadas innumerables veces.[16] ¿Por qué su importante colaboración desapareció de la historia de la arquitectura? ¿Qué llevó a los experimentados arquitectos e historiadores a pasar por alto el relato de aquellas reuniones, viendo solamente la disputa entre Harrison y Corbusier, y presentando a Niemeyer y los demás arquitectos como figuras periféricas? O aún más importante, ¿Porque el edificio de la ONU, seguramente la más significativa construcción del siglo 20 – por su simbolismo programático –, no figura en los cánones modernos? Anterior al Seagram y el Lever House, el edificio de la ONU merece figurar, si no adelante, por lo menos al lado de estos y de nuestro Ministério de Educação e Saúde en Rio de Janeiro. Las cuentas son simples: de los cuatro edificios verticales más importantes del movimiento moderno, dos cuentan con la importante participación de Oscar Niemeyer.

Tratando de ir más allá de los libros, para escapar de la parcialidad autoral, se hizo una búsqueda en la base de datos de revistas arquitectónicas, *Avery Index*, ubicando todos los artículos sobre el edificio de la sede de la ONU. De 32 entradas que aparecen entre 1947 y 2005, solo tres tienen el nombre de Oscar Niemeyer. Casualmente son las tres entradas más recientes, de 2003 y 2004. Esto me indica que la historia se está reescribiendo, una vez que algunos de los antiguos prejuicios o equívocos se desmoronan bajo el peso del tiempo.

PENSAMIENTOS CONCLUSIVOS

¿Por qué gran parte de ese intercambio se ha vuelto invisible? Está claro que a finales de la década de 1940, con el comienzo de la Guerra Fría, procesos como la caza al comunismo y el macartismo contribuyeron con el aumento de la distancia entre los ámbitos arquitectónicos brasileños y norteamericanos.

En 1947, el mismo año en que comenzaron las audiencias en el Comité de Actividades Antiamericanas, los dos arquitectos brasileños más importantes se encontraban en América del Norte. Niemeyer, el líder de la escuela carioca (Rio de Janeiro) estaba en Nueva York para el taller de construcción del edificio de la ONU. João Vilanova Artigas, el líder de la escuela paulista (São Paulo) en la década de 1960, viajaba por todos los Estados

Unidos, financiado por una beca universitaria. Ambos eran miembros del Partido Comunista Brasileño – PCB, que había sido declarado ilegal por el gobierno de Dutra, el año anterior, y seguramente se preocuparon mucho por lo que presenciaron en los Estados Unidos. Los chances de aproximación entre la elite de la arquitectura brasileña y de los EE.UU. pasaron a ser mínimas en ese momento, y todavía menos después de 1964.

Mientras tanto, con Europa avanzando bajo el Plan Marshall, la arquitectura moderna pasa a ser básicamente OTANcentrica.[17] La arquitectura brasileña mantendría su estatus como una vibrante descendencia moderna hasta mediados de la década de 1950, cuando los vientos comenzaron a soplar en otra dirección, como han señalado Liernur y Fraser. Para entonces, grande parte del movimiento moderno ya había experimentado el soplo tropical de la novedad y el ingenio que caracterizó lo mejor del modernismo brasileño. Qué tan brasilianizados han sido, es una pregunta para muchos años de investigación y para muchos estudiosos.

Lo que podría ser interesante discutir en este capítulo es por qué insistimos en pensar que las influencias provienen de las regiones centrales y las resistencias provienen de regiones periféricas, como en el famoso modelo del regionalismo crítico de Frampton. ¿Por qué no podemos imaginar un modelo más amplio y abarcador para explicar los intercambios multi-direccionales de las ideas arquitectónicas? ¿La construcción de los edificios Lever House y Seagram habrían sido facilitados por la construcción del edificio de las Naciones Unidas, algunos años antes? Jorge Villota Peña demostró que en el caso de la industria de petróleo, los arquitectos norteamericanos encontraron en Venezuela la oportunidad de construir lo que no era permitido en el territorio de los Estados Unidos.[18] Como nos cuenta Roberto Fernández, las Américas siempre han sido un gran laboratorio de ideas.[19] Es urgente dibujar este mapa de influencias, tomando como base la perspectiva de las Américas, o más específicamente, el punto de vista de la arquitectura brasileña, que seguramente influenció a medio mundo en la década de 1950.

Seguramente no deberíamos asustarnos por la complejidad de tal iniciativa, por el simple hecho de que cualquier mapa que resulte de ella será solamente provisional.

NOTAS

NE. Texto presentado originalmente en la conferencia internacional *The Americanization of Postwar Architecture*. Universidad de Toronto, 2005.

1. Como discutido en la introducción de este libro, la presentación de este texto, en Toronto, 2005, dejó enfurecido a Jean-Louis Cohen. Según el historiador francés, profesor de la New York University, el autor toma libertades indebidas con el uso de la noción de influencia y contra-influencia.

2. Carlos Alberto Ferreira Martins, "Há algo de irracional... Notas sobre a historiografia da arquitetura brasileira," in: *Textos fundamentais sobre história da arquitetura moderna brasileira – parte 2*, org. Abilio Guerra (São Paulo: Romano Guerra, 2010).

3. La investigación del autor utilizando el Índice Avery de revistas de arquitectura muestra 106 artículos sobre arquitectura brasileña publicados en el extranjero entre 1947-49, un número que solo sería superado en la trienal de 1992-94 cuando habían muchas más revistas y periódicos en circulación.

4. Valerie Fraser, *Building the New World: Studies in Modern Architecture of Latin America, 1930-1960* (Londres: Verso, 2000).

5. Ibid., 245.

6. Jorge Francisco Liernur, "A New World for the New Spirit: Twentieth-Century Architecture's Discovery of Latin America," *Zodiac* 8, 1993, 107-109. Traducción libre.

7. *Architectural Forum* 87/5, Nueva York, Noviembre 1947. Edición especial sobre arquitectura moderna brasileña.

8. Es interesante percibir que Eliel Saarinen también fue miembro del jurado, pero toda la atención se volcó hacia Frank Lloyd Wright porque, a diferencia de Saarinen que restringió su participación al jurado de la competencia, Wright dio conferencias públicas y entrevistas. Adriana Irigoyen, "Frank Lloyd Wright in Brazil," *The Journal of Architecture* 5, Verano 2000, 137-157; Elizabeth Harris, *Riscos brasileiros* (São Paulo: Nobel, 1987), 19.

9. *Buen vecino* era el nombre dado a la política externa del presidente americano Franklin D. Roosevelt para América Latina. Según Julianne Burton-Carvajal, "con la creciente amenaza de guerra con Alemania, Estados Unidos parecía ansioso por aliviar las tensiones restantes con los gobiernos sudamericanos a fin de mantener la unidad hemisférica como un baluarte contra la invasión extranjera." Julianne Burton-Carvajal, "Surprising Package: Looking Southward with Disney," in: *Disney Discourse: Producing the Magic Kingdom*, org. Eric Smoodin (Nueva York: Routledge, 1994), 133. En las propias palabras de Roosevelt, "la vigorosa reafirmación de la política del Buen Vecino se basa en la visualización de una actitud totalmente nueva hacia otras repúblicas americanas basada en un deseo honesto y sincero, primero, de eliminar de sus mentes todo temor a la agresión estadounidense – territorial o financiera –, y, en segundo lugar, llevarlos a una especie de asociación hemisférica en la que ninguna República tomaría una ventaja indebida." Richard Schickel, *The Disney Version: The Life, Times, Art and Commerce of Walt Disney* (Nueva York: Avon, 1968).

10. David Underwood, *Oscar Niemeyer and the Architecture of Brazil* (Nueva York: Rizzoli, 1994), 55.

11. Fernando Luiz Lara, "One Step Back, Two Steps Forward: The Maneuvering of Brazilian Avant-Garde," *Journal of Architectural Education* 55/4, Londres, 2002, 211-219; Lauro Cavalcanti, *As preocupações do belo: arquitetura moderna brasileira dos anos 30/40* (Rio de Janeiro: Taurus, 1995), 147.

12. Carlos Alberto Ferreira Martins, "Identidade nacional e Estado no projeto modernista. Modernidade, Estado e tradição," in: *Textos fundamentais sobre história da arquitetura moderna brasileira – parte 1*, org. Abilio Guerra (São Paulo: Romano Guerra, 2010), 279-298; Martins, "Há algo de irracional...," in: *Textos fundamentais sobre história da arquitetura moderna brasileira – parte 2*, org. Guerra; Adrián Gorelik, *Das vanguardas a Brasília: cultura urbana e arquitetura na América Latina* (Belo Horizonte: Editora UFMG, 2005).

13. Wallace Harrison (EE.UU. - director de planificación), Charles Le Corbusier (Francia), Oscar Niemeyer (Brasil), G.A. Soilleux (Bélgica), Gaston Brunfault (Belgica), Ernest Cormier (Canadá), Ssu-Ch'eng Liang (China), Sven Markelius (Suecia), H. Bassov (URSS), Howard Robertson (Reino Unido) y Julio Vilamajo (Uruguay).

14. Curtis y Koolhaas mencionan solo a Corbusier y Harrison. Kostof, Frampton y Scully no mencionan el edificio en absoluto. Kidder Smith menciona a Niemeyer dos veces y a Corbusier seis veces. Cf. William J. R. Curtis, *Arquitetura moderna desde 1900* (Porto Alegre: Bookman, 2008); Spiro Kostof, *A History of Architecture: Settings and Rituals* (Nueva York: Oxford University Press, 1985); Kenneth Frampton, *História crítica da arquitetura moderna* (São Paulo: Martins Fontes, 1997); Vincent Scully, *Arquitetura moderna: a arquitetura da democracia* (São Paulo: Cosac Naify, 2002).

15. En palabras de Max Abramovitz: "Poco a poco, la cosa evolucionó. Hubo un periodo de ideas contundentes, y lentamente nos sorprendimos usando más la contribución de Niemeyer que casi cualquier otra persona. Estaba alrededor de ese núcleo de la idea de Niemeyer: el posicionamiento de las cosas. Nos dirigíamos lentamente en dirección al Esquema No. 32 de Niemeyer. Estaba en la sala de dibujo, donde teníamos todos los bocetos en la pared y los modelos en las mesas. Corbu entró en la habitación y tomó algo como esto (señalando una foto del Esquema Niemeyer No. 32), desapareció en algún lugar, luego volvió, hizo su boceto, al que llamó 32A, y firmó su nombre. Simplemente no podía soportarlo." Max Abramovitz, "Entrevista a David Underwood," Nueva York, 23 Marzo 1991 in *Oscar Niemeyer and the Architecture of Brazil*, org. David Underwood (Nueva York: Rizzoli, 1994), 155.

16. Las propuestas están lindamente dibujadas en 3D, en un libro de Farès el-Dahdah y Ernesto Bilbao, publicado por Rice University en 2010. Farès El-Dahdah, Oscar Niemeyer y Ernesto Bilbao. *Oscar 102: Eight Cases in Brazil's Architectural Modernity* (Houston: Rice University Press, 2010).

17. Luis E. Carranza y Fernando Luiz Lara, *Modern Architecture in Latin America: Art, Technology and Utopia* (Austin: University of Texas Press, 2015), 144.

18. Jorge Villota, "The Hyper Americans! Modern Architecture in Venezuela During the 1950s" (tesis de doctorado, University of Texas at Austin, 2014).

19. Roberto Fernández, *El Laboratorio Americano. Arquitectura, Geocultura y Regionalism* (Madri: Biblioteca Nueva, 1998).

UTOPÍAS INCONCLUSAS

**DESIGUALDADES ENRAIZADAS
EN LA ARQUITECTURA MODERNA BRASILEÑA**

TRADUCCIÓN DE VICTORIA SANCHEZ

LA ARQUITECTURA MODERNA HA TENIDO DESDE SU INICIO UNA RELACIÓN COMPLEJA CON SUS PROPIAS RAÍCES UTÓPICAS. DESDE FILIPPO MARINETTI, QUIEN PROCLAMÓ EN 1918 QUE LA GUERRA ERA LA MÁS BELLA COREOGRAFÍA, HASTA LA FAMOSA SENTENCIA CONCLUSIVA DE LE CORBUSIER, EMITIDA EN HACIA UNA ARQUITECTURA, EN 1923, SEGÚN LA CUAL "LA ARQUITECTURA PUEDE EVITAR LA REVOLUCIÓN."¹ EL INTENTO DE CONSTRUIR UN MUNDO MEJOR a través de la arquitectura se ha visto constantemente empañado por las definiciones distorsionadas de cómo exactamente es que este nuevo mundo debería ser.

En Brasil esto no podría ser muy diferente. La arquitectura de los años 1930 y 1940 tuvo mucho más éxito promocionando una imagen nacional de la modernización, que en abordar las raíces principales de la modernización. Los roles tradicionales de género permanecieron en el diseño de la vivienda moderna que, desafortunadamente, también absorbió las desigualdades sociales y raciales en su organización espacial.

Este trabajo parte de los orígenes de la arquitectura moderna en Brasil con el fin de examinar el grado en que ciertas desigualdades se insertaron a fondo en la sociedad brasileña, hasta llegar al punto de incorporarse a un discurso utópico sobre la modernidad, aun completamente vigente.

ARQUITECTURA PARA UNA NUEVA SOCIEDAD

Ya en las últimas décadas del siglo 19, se podían percibir las transformaciones en la arquitectura que advertían la aparición del movimiento moderno. Los Congresos Internacionales de Arquitectura Moderna – CIAM fueron el principal foro en el que los arquitectos modernos compartían sus experiencias, creencias y expectativas. Aunque inicialmente la participación en ellos se limitaba a algunos arquitectos europeos, los CIAM se extendieron rápidamente a otros continentes, sumando participantes de todo el mundo occidental. A pesar de sus diferentes orígenes, convicciones y expectativas acerca de la misión compartida y la importancia de la arquitectura moderna, los participantes parecían lo suficientemente fuertes para desalentar cualquier posible divergencia en el momento en que muchos arquitectos se incorporaron al CIAM. Después de la Primera Guerra Mundial, las ideas concebidas al interior de estos congresos respondían a una demanda, y tuvieron tanta acogida que pasaron a formar parte del paradigma generador de la arquitectura, exportando su misión social, su estatus e identidad, a quien lo solicitara. Tal demanda o tales condiciones se pueden sintetizar en cuatro consideraciones o razones principales de la arquitectura moderna, compartidas por diferentes sociedades en todo el mundo: nuevos clientes, nuevos programas, nuevas tecnologías y un creciente malestar con los estilos tradicionales. Esas transformaciones están íntimamente relacionadas con la idea de modernidad.[2] En este punto la cuestión central a ser indagada es cómo modernismos arquitectónicos ideológicamente diferentes, y el caso brasileño en particular, fueran desarrollados a partir de la modernidad; como nos recuerda Arturo Escobar, la propia idea de modernización trae en su esencia la contra-idea de colonización.³ Si concordamos con Luiz Recamán en que el Brasil moderno y el tradicional no entran en conflicto, sino que simplemente caminan lado a lado,⁴ es importante comprender la naturaleza plural y paradójica de estas arquitecturas modernas como respuestas alternativas a las fuerzas de la modernidad.

Aunque supuestamente la arquitectura moderna debía resolver tales conflictos, ¿es posible pensar que en Brasil simplemente se yuxtapusieron? Roberto Conduru sostiene que "la forma ignoraba u ocultaba las contradicciones inherentes a la arquitectura moderna en Brasil."⁵ Recamán respondería que "las distorsiones de la arquitectura moderna en Brasil deben entenderse desde la perspectiva de las condiciones originales del movimiento moderno brasileño."⁶ Sin embargo, la narrativa hegemónica de la modernidad brasileña,⁷ sin duda enfatizó un conjunto de condiciones (formas exuberantes para expresar la modernización del país) mientras minimizó la importancia de las luchas sociales que estaban ocurriendo en ese momento en toda la nación. De hecho, basta mirar cualquier fotografía de los edificios canónicos en construcción para entender que un ejército de trabajadores construyó tan magníficas obras vertiendo toneladas de concreto, veinte quilos por vez, con sus manos y sus espaldas. La misma arquitectura moderna que prometía un futuro mejor para las masas fue erigida tomando ventaja de salarios bajos y de la falta de entrenamiento formal. En el proceso de abrasileramiento, la arquitectura moderna también asumió el lado oscuro de Brasil, como nos recuerda el clásico *Encountering Development* de Arturo Escobar, publicado en 1995.

Antes de analizar el abrasileramiento de la arquitectura moderna es necesario exponer brevemente las complejidades y paradojas del proceso de modernización del país. A finales del siglo 18, Brasil era la colonia portuguesa más importante, y había alcanzado el status de metrópoli cuando la corte de D. João VI (cerca de diez a quince mil personas) se trasladó a Rio de Janeiro en 1808, huyendo de la invasión de Napoleón Bonaparte. En el año siguiente al regreso de D. João VI a Portugal, su hijo Pedro declaró la independencia de Brasil, el 7 de septiembre de 1822, en sus propias palabras, "antes de que alguien más lo haga." Consecuentemente, Brasil se convirtió en un imperio independiente – pero con estrechos vínculos con Portugal e Inglaterra – hasta 1889.

Alrededor de 1850, bajo la presión británica, la economía basada en la esclavitud comenzó a transformarse hacia el trabajo asalariado. El comercio transatlántico de esclavos fue prohibido, y después de 1871 todos los niños de padres esclavos fueron considerados libres, sin embargo, la esclavitud en sí, sólo sería abolida al final del Imperio, en 1888. Con el golpe de la república en 1889, la idea de modernización brasileña asume el lema positivista de *Ordem e Progresso* (orden y progreso), como se indica en la bandera nacional hasta el día de hoy; donde el progreso es para pocos y el orden – en el sentido de ponerse en el debido lugar – para muchos. La modernización llegó para la élite comercial urbana dominante, y para los militares, trayendo mejoras en la tecnología, producción industrial y la comunicación (progreso), pero las reformas sociales que llevarían estos beneficios para la población en general se hicieron esperar (orden). Alrededor de las primeras décadas del siglo 20, la modernización de Brasil era como una escenografía, una obra de teatro, representada por unos pocos miembros de la élite que intentaban parecer europeos, pero en el trópico.[8]

Después de la aparición de una nueva intelectualidad moderna cuyo surgimiento se consolidó en la Semana de Arte Moderna, en 1922, y especialmente después de 1930, con la revolución que llevó a Getúlio Vargas al poder, la principal idea tras la modernización se transformó en el ajuste entre las ideas modernas y la realidad brasileña. La tarea fue entonces, la construcción de una modernidad nativa basada en el mestizaje racial como principal referencia, y la unificación de la imagen de la nación a través de la búsqueda de la *brasilidad*. Robert Levine señala que "el movimiento moderno, de cierta forma, encaja claramente en la transformación intelectual de Brasil desde la experimentación y la búsqueda del espíritu de la década de 1920 y principios de 1930, a la noción del Estado Novo que celebra la nación como una fusion."[9]

Amenazada por conflictos regionalistas y desigualdades, la antigua república (1889-1930) concluyó con un golpe militar en 1930. Getulio Vargas, el comandante revolucionario que llegó a la presidencia, incentivó de manera significativa la modernización industrial y educativa, y al mismo tiempo, centralizó el poder bajo el gobierno federal. El resultado fue lo que Boris Fausto llamó de "una modernización conservadora"[10] o lo que Néstor García-Canclini definió como "una modernización incompleta."[11] La idea de Recamán al hablar de yuxtaposición (en lugar de mestizaje) es, de hecho, mucho más cercana a la realidad. Las transformaciones industriales y económicas fueron controladas cuidadosamente para asegurar que el *progreso* nunca colocara en peligro el *orden*. Me atrevería a afirmar que la fusión sólo ocurrió en el discurso.

Con relación a la industrialización, Vargas intentó reducir la dependencia de bienes manufacturados importados, al tiempo que diversificó las exportaciones brasileñas. Los ingresos de las exportaciones, basadas principalmente en productos agrícolas, disminuyeron violentamente después del colapso del mercado internacional en 1929. En ese momento el 70% de la población brasileña vivía en zonas rurales, un porcentaje que cambiaría drásticamente en las décadas siguientes. En este proceso de modernización se intentó reducir el analfabetismo mediante el acceso de las masas a la educación primaria, y la búsqueda de los orígenes de la brasilianidad. Una de las características más intrigantes del gobierno de Vargas fue la paradójica presencia de intelectuales modernos cooptados por el aparato estatal de un régimen autoritario y de intensa represión.[12] Hugo Segawa y Carlos Martins diseccionan el impacto que tuvo la tríada centralización-intervencionismo-nacionalismo sobre la arquitectura.[13] Esto es especialmente notable cuando percibimos que muchos de los artistas e intelectuales que participaron en la Semana de Arte Moderna en 1922 estaban trabajando para el nuevo gobierno. La Semana de Arte Moderna, coincidentemente organizada el mismo año en que se celebró el centenario de la independencia brasileña, era una especie de manifiesto-exposición que reunió a cubistas, fauvistas y futuristas, y proporcionó a los artistas de vanguardia, por primera vez, una amplia difusión en periódicos y programas de radio.

Vale la pena señalar que en el proceso de búsqueda por la brasilianidad, los artistas de vanguardia de la Semana de Arte Moderna descartaron otras vertientes del movimiento moderno que no estaban en consonancia con sus propias ideas.

EN SU LUGAR, CONSTRUYERON SUS PROPIAS CONTINUIDADES, SUS PROPIAS RAÍCES: ES ASÍ QUE MUCHOS 'BRASILES' DIFERENTES COEXISTIRÍAN SIMULTÁNEAMENTE.

Todos estos proyectos modernos se movían alrededor de la búsqueda de la identidad brasileña. El proyecto vanguardista que prevaleció, transformó su propia articulación de la identidad en los objetivos y el discurso oficial del Estado.[14] No obstante, es evidente (como voy a desarrollar más adelante de forma detallada en el caso de edificios de apartamentos residenciales) que los fragmentos de una ideología más conservadora se impusieron en el movimiento arquitectónico *vanguardista*.

En relación a las prácticas modernizadoras de la generación de los años 1930, más que la búsqueda de un patrimonio brasileño, lo que progresivamente se estaba construyendo era una memoria colectiva específica. Esto se llevó haciendo una selección entre los numerosos antepasados, escogiendo a aquellos que mejor encajaban en sus planes para el futuro.[15] El paradigma de la modernidad elegido por la élite brasileña de la década de 1930 debía estar anclado en el pasado colonial para superar la rivalidad con otros conceptos de modernidad, lo cual fue hecho manipulando el sistema educativo[16] y materializando una imagen arquitectónica deseada. Una cuestión aún sin resolver satisfactoriamente es qué tanto del pasado colonial fue absorbido por este patrimonio construido. ¿Serían también las antiguas desigualdades un componente de dicha articulación vanguardista, coexistiendo con las paredes blancas, los azulejos portugueses y la exuberancia barroca?

LA ARQUITECTURA MODERNA EN BRASIL

Para caracterizar una descripción de la arquitectura moderna brasileña es necesario retornar a los inicios del siglo 19, y al proceso de la independencia de Brasil. Cuando la corte portuguesa se trasladó a Rio de Janeiro en 1808, huyendo del gobierno de Napoleón Bonaparte, la acompañó un grupo de artistas antinapoleónicos franceses contratado por el rey de Portugal. Una vez en Rio, fundaron la Academia Imperial de Belas Artes, más tarde conocida como Escuela Nacional de Bellas Artes – ENBA. Antes de 1808, como colonia portuguesa, a Brasil le era prohibido tener instituciones de educación superior. La ENBA, estructurada siguiendo los principios de la Academia de Bellas Artes Francesa, formó la primera generación de artistas brasileños educados en una escuela, dejando una gran influencia academicista que duró hasta las primeras décadas del siglo 20.

Entre sus más importantes legados, la ENBA puso en entredicho el valor del barroco ochocentista por haberlo percibido, al igual que en Francia, como una degeneración sin valor de la arquitectura clásica, que se le atribuía a la excesiva exuberancia ibérica y de América del sur. Esta narrativa anglosajona, que disminuyó el valor del barroco ibero-americano, es la misma que vende la idea de que la colonización inglesa fue mejor que la colonización ibérica, idea que ya fue desmontada por el compañero Cañizares-Esguerra.[17] ¿O alguien cree que existe una diferencia para el lomo en ser azotado por cuerdas de sisal o cables de acero?

A finales del siglo 19, las ideas de la modernización en Brasil surgieron con el desarrollo de los ferrocarriles, líneas de comunicación, una incipiente industrialización y urbanización creciente. Pero los edificios para esos proyectos continuaban presentando un lenguaje neo-clásico o academicista, al igual que los edificios gubernamentales de la ciudad recién diseñada y construida de Belo Horizonte, inaugurada en 1897. Y aunque se construyeron algunas viviendas modernas en la década de 1920, la reforma del plan de estudios de arquitectura en la ENBA en 1930, se considera el punto de partida de la arquitectura moderna brasileña.[18] En 1930, Lúcio Costa fue nombrado director de la ENBA. Costa, educado en Francia y en la ENBA años antes, inició su carrera diseñando edificios neocoloniales, pero se convirtió en uno de los primeros defensores del movimiento moderno al entrar en contacto con las ideas de Le Corbusier. Tan pronto como fue nombrado, Costa comenzó a reformar radicalmente el plan de estudios de arte y arquitectura de acuerdo a los lineamientos pedagógicos de la Bauhaus, y a las ideas de Le Corbusier. En un primer momento, la designación de Costa se encajó en la estrategia de Vargas de mantener un delicado equilibrio de las fuerzas progresistas y conservadoras, mientras que el objetivo manifiesto de Costa era influir en la producción de una nueva imagen de la arquitectura brasilianista y moderna que se ajustara a los ideales del nuevo gobierno de Vargas. Pero la resistencia a las reformas de Costa fue tan fuerte que la polémica dejó atónito a todo el mundo. Arquitectos modernos y académicos conservadores lucharon por cada concurso público y por las más importantes comisiones a lo largo de la década de 1930, con Vargas buscando equilibrar las fuerzas, hasta que los arquitectos modernos se impusieron a principios de 1940.[19] Sin embargo, mientras que la historiografía tradicional enfatiza la *victoria* de la modernidad y la *derrota* del movimiento conservador neo-colonial,[20] es importante preguntarse en qué medida esta supuesta victoria no fue, en realidad, un acuerdo. Sin duda el apoyo oficial del régimen de Vargas significó que dicha arquitectura de vanguardia no debía perturbar el orden social. Como el propio Corbusier escribió en la última frase del *Hacia una aquitectura*, la arquitectura podría evitar la revolución.

En el ámbito conceptual, la fusión del proyecto europeo moderno de vanguardia y el legado de la tradición barroca sirvieron como fundamento para arquitectos como Oscar Niemeyer, Luis Nunes, Carlos Leão, Mauricio y Marcelo Roberto, Affonso Reidy y otros. Los proyectos producidos por esta generación buscaban resolver el conflicto nacionalismo/internacionalismo, y entre modernidad de vanguardia/arquitectura tradicional. Como señaló Lauro Cavalcanti, los arquitectos modernos brasileños lograron el sueño de todo revolucionario, controlando el espectro erudito y popular, así como su conocimiento sobre el pasado y el futuro reconocidos.[21] Pero, ¿qué tan revolucionarios fueron realmente? Al centrarse en el tema de la imagen nacional vis-a-vis con el contexto internacional, ¿no hicieron los arquitectos modernos caso omiso de un conflicto mucho más complejo el cual define la historia de Brasil: la desigualdad? ¿O este conflicto fue suprimido de la narrativa oficial a pesar de los esfuerzos de muchos arquitectos que trabajaban en la construcción de vivienda social desde principios de la década de 1930?

La arquitectura moderna se extendió por todo Brasil con el apoyo del Estado, tras haber sido adoptada por los sectores emergentes de la sociedad urbana como una imagen propia deseable.

En Belo Horizonte, el alcalde Jucelino Kubitschek le encargó a Oscar Niemeyer el diseño de cuatro edificios municipales alrededor del lago artificial de Pampulha. Es interesante observar que los edificios de Pampulha son un casino, una iglesia, un salón de baile y un club de yates; todos programas para la burguesía, construidos para demarcar un gran desarrollo suburbano. Sin embargo, los edificios de Pampulha, tal como se les conoce en todo el mundo, se convirtieron en el paradigma del modernismo brasileño.

Simultáneamente, como nos recuerda Nabil Bonduki y Ana Paula Koury en un bellísimo catálogo, el gobierno federal construyó 142 mil unidades de vivienda social entre 1937 y 1954, para albergar a 800 mil personas, aproximadamente el 10% de la población urbana del país en la década de 1950.[22] Cifra nada despreciable; y cuando añadimos el hecho de que muchos de esos complejos de viviendas fueron diseñados por excelentes arquitectos de la misma generación (Paulo Antunes Ribeiro, Irmãos Roberto, Eduardo Knesse de Melo, Hélio Uchôa Cavalcanti e Marcial Fleury de Oliveira), es imposible no cuestionar el por qué no se incluyeron estos edificios en la narrativa oficial de la arquitectura moderna brasileña.

Sin embargo, dar vivienda a 800 mil personas no fue suficiente ante un proceso de urbanización que estaba expulsando a la población trabajadora de bajos recursos de las ciudades pequeñas y las zonas rurales para las principales ciudades, las cuales estaban muy mal preparadas para un crecimiento poblacional sin precedentes. La misma industria de la construcción que erigió miles de edificios modernos atrajo a cientos de miles de trabajadores no cualificados, de las zonas rurales a las ciudades. El papel de la industria de la construcción como motor del crecimiento económico está claro, pero su rol social ambiguo necesita ser investigado más a fondo, y los académicos de la arquitectura todavía no lo han hecho. Aunque no sea el objetivo de este trabajo, vale la pena señalar que la inestabilidad de los años 1960, que culminó con el golpe militar de 1964, fue en gran medida una consecuencia del agotamiento del viejo modelo de desarrollo, incapaz de proveer lo suficiente a la población urbana de bajos recursos.

URBANIZACIÓN COMO SINÓNIMO DE LA VERTICALIZACIÓN

Como consecuencia de la rápida urbanización, las principales ciudades brasileñas experimentaron un proceso radical de verticalización. Según como indicado por Silvio Macedo, para la década de 1960 "la verticalización se había convertido en un factor que influyó en la forma urbana de numerosas ciudades brasileñas."[23]

Un proceso feroz de especulación de la tierra, combinado con la concentración de la infraestructura en los núcleos urbanos creó uno de los procesos de densificación más rápidos en el hemisferio occidental, algo paralelo a lo que sucede actualmente en el Este Asiático, pero en menor escala. Este proceso dio lugar a un cambio radical en los esquemas de la vivienda ideal en Brasil. En la segunda mitad del siglo 20, vivir en apartamentos, o en lo que llamamos de viviendas multifamiliares en altura, se convirtió en la tipología deseada en Brasil.[24] De manera similar a muchos otros lugares en el mundo, en Brasil, las estructuras en altura comenzaron como una solución para los más ricos y los más pobres. La singularidad de este fenómeno en Brasil consistió en que la clase media también adoptó los edificios en altura como su solución predilecta. Como se busca demostrar en este artículo, dicho proceso está íntimamente ligado a la hegemonía de la arquitectura moderna y su abrasileramiento.

Si bien es común escuchar en Brasil que la vivienda en altura es una respuesta a la violencia urbana, las investigaciones han demostrado que: 1) el proceso de verticalización comenzó mucho antes que la violencia urbana se convirtiera en un problema;[25] y 2) no había ninguna demanda real de densificación en la década de 1950. Por lo tanto, fueron las fuerzas especulativas las que produjeron la verticalización, no la falta de tierra disponible.[26] Tal como lo mencionan Silvio Macedo[27] y Cêça Guimaraens,[28] este proceso comenzó en la década de 1930 en Rio de Janeiro y São Paulo, siguiendo el modelo europeo de construir en el perímetro de la manzana. Sin embargo, una regulación generosa, con alto coeficiente de aprovechamiento – que permitía, por ejemplo, más de 10 pisos, sin retiro y con patios muy pequeños – dio lugar a densidades extremadamente altas, insuficiente ventilación y poca o ninguna incidencia solar. Copacabana, en Rio de Janeiro, es quizás el mejor ejemplo de aquellos tiempos. En la década de 1960, el aumento del control gubernamental produjo una nueva tipología que prevalece hoy en día, casi siempre con un 100% de ocupación en los primeros pisos (con comercio a nivel del suelo, y parqueaderos debajo y/o encima), pilotis sobre la losa en el tercero o cuarto nivel y una esbelta torre residencial en los próximos diez a quince niveles. Esta tipología es claramente una adaptación de la *tower in the park*[29] moderna construida para áreas urbanas densas. Su supervivencia está garantizada por la normativa en las principales ciudades brasileñas que induce a una tipología de *tower in the park* con un frente significativo, y con retranqueos traseros y laterales, incluso en pequeños lotes de 12 metros de ancho.

En todo caso, lo que tenemos hoy en día en cualquiera de las ciudades más grandes de Brasil (São Paulo, Rio de Janeiro,

Salvador, Belo Horizonte, Porto Alegre, Recife, Campinas, Brasilia, Curitiba y Fortaleza) es la hegemonía de las torres de apartamentos como principal tipología de vivienda para la clase media y media-alta, con los más pobres condenados a las afueras de la ciudad o a las favelas, y los muy ricos concentrándose en urbanizaciones cerradas.

LOS PIONEROS: PARQUE GUINLE Y PEDREGULHO

El apartamento, como tipología que nació de las primeras vanguardias del siglo 20, tiene mucho que decir sobre la forma en que la arquitectura moderna prefiguraba el futuro. Porque si bien la Bauhaus estaba intentando optimizar la cocina con el fin de reducir al mínimo la carga de las tareas domésticas de las amas de casa, los soviéticos estaban tratando de abolir el trabajo doméstico en su totalidad con la ayuda de cocinas comunitarias y guarderías en cada bloque de apartamentos. De otro lado, con la organización de la primera exposición de arquitectura moderna en los Estados Unidos, en el Museo de Arte Moderna de Nueva York – MoMA, en 1932, Phillip Johnson y Alfred Barr excluyeron explícitamente aquellos edificios que presentaban un fuerte componente comunitario ya que estos no habrían sido bien vistos por las *familias estadounidenses*.

En Brasil esto no fue muy diferente. Lúcio Costa construyó un proyecto de vivienda obrera en 1931 – la Vila Operaria Gamboa, con Gregori Warchavchik – y más tarde, en 1985, las Cuadras Económicas, en Brasilia, con un espacio mínimo (y un costo mínimo) como prioridad. Sin embargo, los edificios construidos para la población de bajos ingresos no fueron suficientes para afrontar la crisis de la vivienda que se avecinaba.

Una de las excepciones notables en el proceso brasileño de verticalización es el Complejo Pedregulho, diseñado por Alffonso Eduardo Reidy para la ciudad de Rio de Janeiro, en 1946. Cuando concluyó su construcción a finales de los años 1950, Pedregulho

Complejo Pedregulho, Rio de Janeiro RJ. Affonso Eduardo Reidy, 1946.
Foto Andres Otero

ganó numerosos premios y fue publicado en las principales revistas de arquitectura del mundo. Como lo ha expresado Carmen Portinho, jefe del departamenvto de construcción de la ciudad en ese momento, "Pedregulho fue construido para llamar la atención del mundo entero, sólo después los brasileños aceptarían la idea de la vivienda social."[30] La solución espacial consiste en un extenso bloque de apartamentos que, con su forma sinuosa, sigue la topografía del lugar, con cuatro pisos en la parte superior y otros dos pisos en la parte inferior de una plataforma abierta con pilotis al nivel de la vía de acceso. El complejo también incluye una escuela primaria, gimnasio, piscina, guardería y un centro de salud.

Parque Guinle, Rio de Janeiro RJ. Lúcio Costa, 1954. Foto Nelson Kon

Los apartamentos organizados a lo largo de un corredor se fundamentan en la idea de una integración y flexibilidad maximizada de los espacios para lograr la mayor apertura y conectividad posibles. Los apartamentos tienen uno o dos dormitorios, una pequeña cocina y un cuarto de baño en una superficie entre 60 y 90 metros cuadrados. Esta tipología se convirtió en la regla para las unidades mínimas económicas, como el edificio JK en Belo Horizonte o el edificio Copan en São Paulo. En ambos casos, sin los servicios de apoyo como la guardería o el centro de salud. Richard Williams nos recuerda que Pedregulho fue diseñado como un "proyecto integral, un estado de bienestar en miniatura en el que se atienden todas las necesidades básicas".[31] En su momento, los arquitectos brasileños debatían ferozmente si la vivienda estatal debía ser vendida (el modelo de Estados Unidos) o alquilada (modelo europeo) al futuro usuario. En Pedregulho se implementó el modelo de arrendamiento. El gobierno municipal, como propietario del inmueble, sería responsable por su mantenimiento y del alquiler de las unidades a empleados municipales. Con los arriendos establecidos en un 30% de los salarios de los habitantes, el modelo se derrumbó en la década de 1960, cuando la inflación erosionó el presupuesto, y el gobierno conservador, apoyado por los militares, se negó a invertir más dinero en un complejo de viviendas considerado socialista. Además de esto, la ciudad de Rio vio su presupuesto e influencia política ser drásticamente disminuidos después que el gobierno federal fuera trasladado a Brasilia. En consecuencia, Pedregulho sufrió un proceso de *favelización* presentando un gran deterioro en su infraestructura y una ruptura del tejido social.

Entretanto, otra tipología estaba siendo desarrollada, y Lúcio Costa aparece otra vez como el pionero. A finales de los años 1940, Costa diseñó un grupo de seis edificios en la urbanización Guinle en Rio, de los cuales tres fueron construidos.

Los edificios del Parque Guinle no fueron pensados para la clase obrera, sino más bien para una nueva clase media-alta urbana. En cada piso hay sólo cuatro apartamentos (dos de un solo nivel, y dos dúplex) con un área entre 170 y 220 metros cuadrados. Al evitar el largo pasillo de acceso, cada apartamento tiene dos fachadas exteriores, o dos *varandas* como decía con orgullo el mismo Costa, haciendo referencia a la casa tradicional brasileña. Lo que es interesante para nosotros es precisamente la persistencia de estas formas de habitar tradicionales en la nueva tipología de apartamentos. Las dos *varandas* se diferenciaron inmediatamente: una fue utilizada como un espacio social y conectada a la sala de estar, mientras que la otra fue utilizada como espacio de servicio, conectado a la cocina y al cuarto de servicio. Las *varandas* y su función diferenciada remiten a la pregunta planteada anteriormente en este artículo.

CUANDO LOS ARQUITECTOS MODERNOS BRASILEÑOS ARTICULARON EL PASADO COLONIAL CON SU NUEVA ARQUITECTURA, INEVITABLEMENTE TAMBIÉN TRASLADARON LAS PARTES INDESEABLES DE DICHO PASADO.

Tener una doble *varanda*, una en cada fachada principal, sin duda hace referencia a la casa colonial brasileña. El hecho de que las casas coloniales funcionaran gracias a la mano de obra esclava fue una parte integral de su arquitectura. Cuando se aplica a un apartamento de élite la construcción de la misma función, esta domina el espacio: una *varanda* para los propietarios, la otra para los sirvientes.

Tales contradicciones son el núcleo del ensayo seminal de Guilherme Wisnik sobre Lúcio Costa. De acuerdo con Wisnik, Costa definió un lugar ambiguo para sí mismo, debido a su opinión sobre la profesión y su visión del país, apareciendo como una "fatal no-identificación con el proletariado, a veces solidaria, a veces incómoda."[32] También es intrigante la defensa de Ana Luiza Nobre según la cual, "dado el drama inherente a una modernidad brasileña precaria, y a la inestable noción de una ciudadanía que siempre había impedido la constitución de una esfera pública, en Brasil, los edificios residenciales de Costa anuncian una posible colectividad."[33] Qué tipo de colectividad, es precisamente la pregunta que quisiera hacer. Una posible colectividad seguramente se lee como un compromiso; progreso sí, pero sólo si se da ordenadamente. Ascensores de servicio y cuartos de servicio son las partes visibles de este compromiso. Como fueron materializadas en la arquitectura brasileña, tales desigualdades sociales nunca se resolvieron ni se abordaron, simplemente se yuxtapusieron. Su solución siempre se pospuso, incluso la utopía quedó inconclusa.

LA PERMANENCIA DE DESIGUALDADES ESPACIALIZADAS

Al retomar la discusión sobre los dos edificios multifamiliares más célebres de la década de 1940, Pedregulho y Guinle, es lamentable corroborar que mientras las soluciones para la clase obrera basadas en Pedregulho fueron abandonadas gradualmente, la clase media acogió los rasgos más conservadores de los apartamentos Guinle, y poco a poco abandonó las intenciones transformadoras de la arquitectura moderna. La vivienda contemporánea no sólo es mediocre, pero también manifiesta en su disposición espacial muchas de las desigualdades que pudieron haber parecido naturales hace setenta años, pero que deberían haber sido abordadas hace mucho tiempo atrás.

Tomemos, por ejemplo, los roles de género dentro del ámbito doméstico. El plano de Pedregulho incluía una guardería y una lavandería comunitaria que, se supone, liberaría a las mujeres de algunas (si no todas) de las cargas del oficio doméstico. No es sorprendente que la jefe de la oficina de construcción de la Ciudad Rio de Janeiro en el momento, Carmen Portinho, fue una de las primeras ingenieras en la nación, y una de las pioneras del movimiento sufragista brasileño. En el lado opuesto del espectro, los apartamentos del Parque Guinle para personas de altos ingresos tenían no sólo uno, sino dos dormitorios para el servicio doméstico. El *quarto de empregada* (habitación para empleado doméstico) se ha convertido desde entonces en una lamentable característica de la desigualdad brasileña sedimentada en la arquitectura.[34] La idea de que una mujer viva gran parte de su vida en un espacio de 2m x 2m, en la casa de otra familia suena escandaloso, sin embargo, una gran parte de la élite brasileña lo considera normal. Más recientemente otras soluciones han ido sustituyendo el *quarto de empregada*, dado que la mano de obra se ha encarecido gradualmente, aunque de forma lenta. Desde la década de 1980, apartamentos de tres habitaciones para la clase media (el tipo más común) se han construido con el llamado *terceiro reversível* (un tercero cómodo reversible). El *terceiro reversível* es el tercer dormitorio en un apartamento, que por lo general tiene dos puertas, una que comunica con el área social y la otra con la zona de servicio/lavandería, permitiendo que las familias lo utilicen como dormitorio, oficina en casa o habitación de servicio.

En cualquier caso, la propuesta de Pedregulho como inversión gubernamental y como tipología fue abandonada hace tiempo. En su lugar, a los trabajadores con bajos ingresos se les deja la responsabilidad de construir su propia vivienda, ya sea en las favelas ilegales o en las extensas periferias de las ciudades donde las condiciones son a menudo peores que en los barrios pobres, a pesar de poseer legalmente la tierra. Desde la redemocratización a mediados de los años 80, los gobiernos locales han tenido dificultades para proporcionar esos mismos servicios de guardería, escuelas y clínicas, y finalmente son construidos muchos años después de la ocupación de la zona, haciéndolos costosos debido a la escasez de suelo, y no muy eficientes debido al proceso de exclusión ya en marcha.[35]

Mientras tanto, la clase media se acostumbró a pagar muy poco por los servicios domésticos, y las mismas fuerzas que obligan a niños y niñas adolescentes a abandonar la escuela secundaria para ayudar con el mantenimiento de sus familias, los condenan a trabajos mal pagados por el resto de sus vidas.

Otra manifestación física de la desigualdad que está desapareciendo lentamente, es el ascensor de servicio, que no ha cambiado mucho físicamente, pero si simbólicamente. Si bien antes era visto como una separación natural entre amos y servidores, en las últimas dos décadas desde la redemocratización, este elemento ha sido cuestionado por su contundente simbolismo como frontera racial y de clase. Ha habido innumerables casos en los que un invitado ha sido dirigido al ascensor de servicio de acuerdo al color de su piel o apariencia general. El caso más famoso involucró a la madre de la estrella mundial de fútbol Ronaldo Nazário, que demandó a un condominio por haber sido conducida al "otro" ascensor.

Sin embargo, los hábitos arraigados no se erradican fácilmente, y la mayor parte de los apartamentos de clase media aún son construidos con dos puertas que se conectan con el mismo pasillo del ascensor: una de ellas, enchapada en madera brillante, conduce a la sala de estar, y la otra, pintada de gris opaco o beige, lleva a la cocina. Al ser cuestionados sobre por qué necesitan dos puertas lado a lado, las personas dan todo tipo de excusas, pero no reconocen que son signos de prejuicios persistentes.

Lo más importante al momento de definir las utopías incompletas es la relación de ambas estructuras con la ciudad. Como es evidente, incluso en la actualidad, los apartamentos de Pedregulho y Guinle no están bien conectados con el resto de la ciudad. Ambos están situados como estructuras aisladas en terrenos extensos, centrados en sí mismos y en actitud desafiante hacia la ciudad a su alrededor. Estos proyectos son realmente islas urbanas. No sorprende que cuando Lúcio Costa diseñó el lujoso complejo Guinle, ignoró la ciudad que lo rodeaba. No hay duda de que la elite de Rio quería un lugar aislado, separado de la ciudad caótica a su alrededor. Pero el hecho de que Pedregulho también quedara desconectado de la trama urbana, apunta a su carácter totalitario, como nos lo recuerda Williams.[36] El mismo gobierno que pagaba muy poco a sus empleados, proporcionaba vivienda económica fijando la renta de acuerdo a los salarios del inquilino. Pero, para que esta medida hubiera tenido un impacto real en la sociedad brasileña, debería haberse aplicado a toda la población. El mayor problema con Pedregulho no es su propia *favelización*, ya que esta puede ser atribuida a un cambio en las políticas del gobierno, que está más allá del campo de la arquitectura. Su fracaso consiste en no tener ningún poder de difusión. Mientras que otros elementos de la arquitectura moderna fueron adoptados por la clase media en todo Brasil,[37] Pedregulho continuó siendo un caso de estudio aislado, y ha contribuido poco para contener el rápido crecimiento urbano más allá de sus límites.

Como pioneros de una tipología que se hizo omnipresente en las ciudades brasileñas en las siguientes décadas, ambos complejos niegan la calle, dando la espalda a la ciudad. A pesar de sus mejores intenciones, estos edificios paradigmáticos se niegan a participar del tejido urbano existente, y al hacerlo revelan el lado oscuro de la modernidad. Con toda seguridad, tanto Costa como Reidy pensaron que el *status quo* estaba lejos de ser ideal, pero sus respuestas a este desafío, incluso siendo polos opuestos, hablan de lo inacabado de tales utopías. En los apartamentos de Costa en Guinle, la tradición de amos y servidores se incorporó, prácticamente intacta, dentro de un icono moderno. En el Pedregulho de Reidy, la solución tabula rasa estaba contaminada por el mundo que le rodeaba, no al contrario, como los arquitectos deseaban. En cierto modo, las torres de viviendas modernas, con sus piscinas privadas, pistas deportivas, gimnasio, sauna y cobertizos para asados no son tan diferentes a su abandono de la calle y su disposición insular. De hecho, se trata de adaptaciones poco elegantes del paradigma moderno, comprimidas en pequeñas propiedades urbanas. Los arquitectos brasileños aún no han sido capaces de desarrollar una tipología urbana que se adapte mejor a sus ciudades. Esto puede deberse al hecho de que la normativa de construcción es obsoleta, o porque las fuerzas del mercado se resisten al cambio. De un modo u otro, el momento de transformación de mediados del siglo 20 necesita ser revisado, y sus cualidades deben ser separadas de sus pecados.

NOTAS

NA. En el ámbito de este libro, entiendo que exista una diferencia entre los términos *brasilianización* y *abrasileramiento* que merece ser destacada. Tomo el término *brasilianización*, usado en el capítulo anterior, como diseminación de la cultura brasileña en el exterior, un proceso en que arquitecturas por el mundo afuera son influenciadas por la experiencia brasileña. En el movimiento contrário, *abrasileramiento*, abordado en este capítulo, debe ser entendido como el proceso antropofágico de tomar cuestiones de fuera y tornarlas, poco a poco, parte de la arquitectura brasileña.

NE. Publicación anterior del texto: Fernando Luiz Lara, "Incomplete Utopias: Embedded Inequalities in Brazilian Modern Architecture," *Architectural Research Quarterly* 15/2, Ago. 2011, 131-138.

1. Le Corbusier, *Por uma arquitetura* (São Paulo: Perspectiva, 2000).

2. Jürgen Habermas, *The Philosophical Discourse of Modernity: Twelve Lectures* (Cambridge: MIT Press, 1987).

3. Arturo Escobar, *Encountering Development: The Making and Unmaking of the Third World* (Princeton: Princeton University Press, 1995).

4. Luiz Recamán, "Forma sem utopia," in: *Arquitetura moderna brasileira*, orgs. Adrian Forty y Elisabetta Andreoli (Londres: Phaidon, 2004), 121.

5. Roberto Conduru, "Tectônica tropical," in: *Arquitetura moderna brasileira*, 62. Traducción libre.

6. Recamán, "Forma sem utopia," 123. Traducción libre.

7. Para os textos canônicos sobre o modernismo brasileiro, ver Yves Bruand, *Arquitetura contemporânea no Brasil* (São Paulo: Perspectiva, 1981); Lúcio Costa, *Registro de uma vivência* (São Paulo: Empresa das Artes, 1995); Henrique Mindlin, *Modern Architecture in Brazil* (Nueva York: Reinhold, 1956).

8. Boris Fausto, *História do Brasil* (São Paulo: EDUSP, 1998), 246.

9. Robert Levine, *Father of the Poor? Vargas and His Era* (Cambridge: Cambridge University Press, 1998), 38. Traducción libre.

10. Fausto, *História do Brasil*.

11. Néstor García-Canclini, *Hybrid Cultures: Strategies for Entering and Leaving Modernity* (Minneapolis: University of Minnesota Press, 1995).

12. Elizabeth Harris, *Le Corbusier. Riscos brasileiros* (São Paulo: Nobel, 1987).

13. Hugo Segawa, "The Essentials of Brazilian Modernism," *Design Book Review* 32/33, 1994, 64-68; Carlos Alberto Ferreira Martins, "Identidade nacional e Estado no projeto modernista. Modernidade, Estado e tradição," in: *Textos fundamentais sobre história da arquitetura moderna brasileira parte 1*, org. Abilio Guerra (São Paulo: Romano Guerra, 2010), 279-297.

14. Fernando Luiz Lara, "One Step Back, Two Steps Forward: The Maneuvering of Brazilian Avant-Garde," *Journal of Architectural Education* 55/54, Londres, Mayo 2002, 211-219.

15. Ibid., 215.

16. Fausto, *História do Brasil*, 215.

17. Jorge Cañizares-Esguerra, *Puritan Conquistadors: Iberianizing the Atlantic, 1550-1700* (Stanford: Stanford University Press, 2006).

18. Sobre la importancia de la reforma curricular de la Escola Nacional de Belas Artes, ver: Costa, *Registro*; Guilherme Wisnik, "Doomed to Modernity," in: *Brazil's Modern Architecture*, orgs. Adrian Forty y Elisabetta Andreoli (Londres: Phaidon, 2004); Fernando Luiz Lara, *The Rise of Brazilian Popular Modern Architecture* (Gainesville: University Press of Florida, 2008).

19. Hugo Segawa, *Arquiteturas no Brasil 1900-1990* (São Paulo: EDUSP, 1998); Lauro Cavalcanti, *As preocupações do belo: a arquitetura moderna brasileira dos anos 30/40* (Rio de Janeiro: Taurus, 1995).

20. Bruand, *Arquitetura*; Costa, *Registro*; Mindlin, *Modern Architecture*.

21. Cavalcanti, *As preocupações*, 23.

22. Nabil Bonduki, *Os pioneiros da habitação social volume 1* (São Paulo: SESC/Editora UNESP, 2014).

23. Silvio Macedo, "The Vertical Cityscape in São Paulo: The Influence of Modernism in Urban Design," in: *Contemporary Urbanism in Brazil: Beyond Brasilia*, orgs. William J. Siembieda y Vicente del Rio (Gainesville: University Press of Florida, 2009), 82. Traducción libre.

24. Luiz Amorim y Claudia Loureiro, "Alice's Mirror: Marketing Strategies and the Creation of the Ideal Home," in: *Proceedings of the 4th International Space Syntax Symposium* (Londres, 2003).

25. Lilian Vaz, *Modernidade e moradia: habitação coletiva no Rio de Janeiro, séculos XIX e XX* (Rio de Janeiro: 7 Letras/FAPERJ, 2002).

26. Nabil Bonduki, *Origens da habitação social no Brasil* (São Paulo: Estação Liberdade/FAPESP, 1988).

27. Macedo, "The Vertical Cityscape."

28. Cêça Guimaraens, *Paradoxos entrelaçados, as torres para o futuro e a tradição nacional* (Rio de Janeiro: Editora UFRJ, 2002).

29. *Tower in the park* es la expresión en inglés para describir edificios verticales situados en grandes terrenos, circundados por amplios espacios verdes.

30. Lauro Cavalcanti, "Casas para o povo" (tesis de maestría, Rio de Janeiro, Museu Nacional, 1986), 72, quoted in Nabil Bonduki, "Habitação social na vanguarda do movimento moderno no Brasil," in: *Textos fundamentais sobre a história da arquitetura moderna brasileira – parte 2*, org. Abilio Guerra (São Paulo: Romano Guerra, 2010), 92. Traducción libre.

31. Richard Williams, *Brazil: Modern Architectures in History* (Londres: Reaktion Books, 2009). Traducción libre.

32. Guilherme Wisnik, *Lúcio Costa* (São Paulo: Cosac Naify, 2001), 12. Traducción libre.

33. Ana Luiza Nobre, "Guinle Park, a Proto-Superquadra," in: *Brasilia's Superquadras*, org. Farès El Dahdah (Munich: Prestel, 2005), 39. Traducción libre.

34. En 2013 publique en la revista *Fórum* una serie de seis artículos sobre la espacialización de la desigualdad en Brasil, <https://www.revistaforum.com.br/espacos-de-exclusao/>.

35. Para más información sobre proyectos de infraestructura recientes en favelas ver: Cristiane Duarte, "Upgrading Squatter Settlements into City Neighborhoods: The Favela-Bairro Program in Rio de Janeiro," in: *Contemporary Urbanism in Brazil*, orgs. Del Rio y Siembieda (Gainesville: University of Florida Press, 2009), 266-290; Fernando Luiz Lara, "Beyond Curitiba: The Rise of a Participatory Model for Urban Intervention in Brazil," *Urban Design International* 2/15, Verano 2010, 119-128.

36. Williams, *Brazil*.

37. Fernando Luiz Lara, "Beyond Curitiba."

SOBRE LA INVISIBILIDAD DE LA MADERA

ARQUITECTURA MODERNA EN BRASIL

Si, como dice, mis ojos están perfectos, por qué estoy ciego. Por ahora no sé decírselo, vamos a tener que hacer exámenes más minuciosos, análisis, ecografía, encefalograma. Cree que esto tiene algo que ver con el cerebro. Es una posibilidad, pero no lo creo. Sin embargo, doctor, dice usted que en mis ojos no encuentra nada malo. Así es, no veo nada. No entiendo. Lo que quiero decir es que si usted está de hecho ciego, su ceguera, en este momento, resulta inexplicable.

José Saramago, *Ensayo sobre la ceguera*

Cuando Hugo Mondragon invitó al autor a escribir sobre la madera en la arquitectura brasileña, la primera reacción fue usar el modelo de la historiografía tradicional y responder que el uso de la madera en el modernismo brasileño fue mínimo, casi irrelevante. Sí observamos el trabajo de un Zanine Caldas absolutamente poético, o la racionalidad estructural de un Marcos Acayaba, notamos que los dos son importantes, pero ambos están empujados hacia la periferia de un discurso cuya centralidad siempre fue el hormigón armado. Podría hablar también de las cerchas del Grande Hotel de Ouro Preto, y de cómo este edificio de Niemeyer, *colonializado por Costa*, sirvió como jaque mate a los modernistas en 1940.[1] O podríamos hablar del revestimiento de la Capilla Pampulha, o de la escalera de Lina Bo Bardi en el Solar do Unhão en Salvador, o de las columnas de troncos de árboles utilizadas por Artigas en la Casa Elza Berquó. Pero la realidad es que la madera sólo se hace visible en la arquitectura moderna brasileña en un papel más bien accesorio y secundario, como un elemento añadido a posteriori para traer calor y humanidad a la dureza del hormigón. Y, como bien dijo el crítico de arte Paulo Venâncio Filho, el brasileño ama el hormigón.[2]

En este punto vale llamar la atención sobre el adjetivo *visible* usado en la frase del párrafo anterior. No tendría sentido escribir este breve ensayo sobre la madera si no hubiera, como el título lo dice, interés en la invisibilidad, en lo que los ojos no pueden ver pero que está ahí. Como la ceguera del ensayo de Saramago, una niebla blanca y opaca, absolutamente inexplicable, pero no menos aterrorizante.

Jonathan Hill y tantos otros han diseccionado la obsesión de los arquitectos del siglo 20 por la fotografía.[3] Proyectados para el futuro y para el mundo de las ideas desde Alberti, la arquitectura aceptó en el siglo pasado que prevaleciera una forma mediática, impulsada por las revistas y por las fotografías. Basta recordar que uno de los más famosos edificios del siglo, el Pabellón de Barcelona de Mies van der Rohe, apenas existió como imagen por más de setenta años, alcanzando así, una áurea que desafiaba la idea Benjaminiana de disolución por la difusión.[4]

Vale hacer este apunte porque siempre que miramos los edificios paradigmáticos de la arquitectura moderna en Brasil o en cualquier otro lugar del mundo, rara vez pensamos en cómo y por quién fueron construidos. Para escapar de la seducción de la fotografía es necesario un ejercicio de contextualización que exige conocimiento y esfuerzo. La imagen es fácil, inmediata, sencilla de consumir.

LA VERDADERA COMPRENSIÓN DE LA ARQUITECTURA EXIGE UNA POSTURA ACTIVA, UNA ACCIÓN INVESTIGATIVA Y UNA RECONSTRUCCIÓN, AUNQUE INCOMPLETA, DE LOS PROCESOS QUE HICIERON POSIBLE ESTE O AQUEL EDIFICIO.

SOBRE LA INVISIBILIDAD DE LA MADERA

Y aquí es donde entra la noble madera, figura olvidada de la arquitectura moderna. La próxima vez que el lector se quede encantado con la ligereza y las formas audaces de Niemeyer, Reidy o Mendes da Rocha, trate de visualizar mentalmente los miles de troncos de madera que estaban allí para formar el edificio, y de los cientos de manos que los pusieron, y se retiraron de allí. Cada uno de estos elegantes bloques de hormigón armado fueron antes, en negativo, tablones de madera que llamamos forma. Una existencia previa e invertida, hecha de la madera blanda para recibir la pasta de hormigón y darle la forma de piedra artificial. Y cada una de estas formas fue sustentada por decenas de piezas cilíndricas que llamamos estacas. Como bastones o muletas que soportan el peso del hormigón hasta que éste alcance una dureza que le permita confiar en sus propias piernas. E incluso en las paredes de ladrillo o revestimientos en tabletas, que sirvieron de espátula o de andamio, frecuentemente de madera, que sostenían a los trabajadores en las alturas. El modernismo brasileño, que sedujo al mundo después de la Segunda Guerra Mundial, fue construido con mucha madera, materia prima abundante en un país de dimensiones continentales, cuyo interior aún estaba escasamente poblado hasta mediados del siglo 20. Uno puede imaginarse que al mismo tiempo que la frontera agrícola brasileña iba abriendo camino por la tierra roja de Paraná, el cerrado de Minas y Mato Grosso, llegando a las puertas de Bolivia en el entonces territorio de Rondônia, miles de camiones hacían la ruta opuesta, trayendo madera noble para la industria mobiliaria, y madera barata para la industria de la construcción. Después de haber comenzado la reforestación en escala industrial en Brasil, apenas en los años 1970, se puede imaginar que cada uno de los edificios de São Paulo, Rio de Janeiro, Belo Horizonte y Brasilia han utilizado en su construcción una parte significativa de bosque virgen. Brasil ha pasado de 2 millones de hogares urbanos en 1940 a 48 millones en 1980. Multiplicando cada hogar por la superficie media de 6 metros cuadrados[5] se llega al número de 2.700 millones de metros cuadrados sólo de construcción residencial. Haya madera para tantas losas.

Pero, ¿sería la madera realmente invisible – o hecha invisible por nuestra obsesión en ver solamente el objeto final, preferencialmente antes que los usuarios inicien un riquísimo proceso de apropiación – el cual insistimos en tratar como algo periférico a punto de ser descartado de las conversas sobre arquitectura? ¿Qué tipo de ceguera es esta que nos afecta? En el caso de la escuela carioca, nombre dado al conjunto de arquitecturas desarrolladas entre los años 1930 y 1950 cuyos protagonistas eran, en su gran mayoría, de Rio de Janeiro, la madera que hizo posible el hormigón armado fue casi siempre escondida por una capa de recubrimiento, fuese de yeso, pintura o tablas de piedras. Pero en el caso de la escuela paulista de los años 1960, su componente brutalista usaba y abusaba del concreto aparente, en la gran mayoría de veces dejando las marcas de la madera que le dio forma. Mirando más de cerca, se ve no sólo la importancia del relieve de la fibra en el concreto, pero también los propios pedazos de madera, pequeños fragmentos incrustados en el material, y los residuos del proceso de desmantelamiento de las formas. Y, aun así, no conseguimos ver las toneladas de madera que literalmente los formaron cuando miramos a la FAU USP de Vilanova Artigas, el MASP de Lina Bo Bardi o el Gimnasio del Club Paulistano de Paulo Mendes da Rocha.

En la oración anterior, escrita intencionalmente en el más elitista *arquitecturez*, reside la otra invisibilidad de la arquitectura moderna brasileña: los cientos de manos que los hicieron posibles. Seducidos por el trabajo intelectual como quería Alberti, nos olvidamos que la construcción es una actividad compleja en la que cientos de personas dejan sus marcas, transformando las ideas iniciales con creatividad o con una inercia insistente. Qué arrogancia nuestra decir que un edificio fue una obra de Corbusier o de Mendes da Rocha, como si hubieran creado todo por sí mismos. El día en que asumamos la condición de la obra colectiva en la arquitectura podremos estar más cerca de comprender la riqueza y la complejidad del proceso. Como un maestro cuya orquesta no sigue sus movimientos,[6] el arquitecto esta forzado a anticipar lo que cada integrante va a hacer y a corregir en el proyecto a cada paso de la obra; dificultad hercúlea que sólo engrandece los edificios que llamamos de paradigmáticos.

Volviendo a la clásica arquitectura moderna brasileña, vale la pena recordar que así como la madera que le dio forma al hormigón armado es invisible, también son invisibles las manos de quienes transformaron la madera en formas, y los hombros de quienes cargaran el hormigón líquido por las escaleras (de madera) hacia arriba.

MADERA Y GENTE, BRASIL SIEMPRE TUVO QUE SOBRA: DOS FUENTES ABUNDANTES, Y TAL VEZ POR ESO MISMO DESVALORADAS EN LOS ÚLTIMOS CINCO SIGLOS DE HISTORIA DE ESA TIERRA QUE LLAMAMOS BRASIL — NOMBRE, ADEMÁS, DE LA PRIMERA MADERA DESFORESTADA.

Pero si las reglas de la oferta y la demanda dictan nuestros valores, esto no explica la continua invisibilidad en tiempos de pleno empleo,[7] crecimiento económico e incertidumbre en cuanto al futuro de los recursos naturales. ¿Hasta cuándo vamos a insistir en entender los 8 millones de kilómetros cuadrados de tierra fértil, y los 200 millones de brasileños como ingredientes baratos de una modernidad ligera y elegante que esconde la brutalidad de la desigualdad, y de la explotación predatoria de la tierra y de los hombres de la tierra?

Es hora de curar esta ceguera histórica y abrir los ojos a esta y otras invisibilidades.

NOTAS

NE. Publicación anterior del texto: Fernando Luiz Lara, "Sobre la Invisibilidad de la Madera: Arquitectura Moderna en Brasil," *Ciudad y Arquitectura* 150, Santiago, 2012, 48-51.

1. Ver Lauro Cavalcanti, *As preocupações do belo: a arquitetura moderna brasileira dos anos 30/40* (Rio de Janeiro: Taurus, 1995); Fernando Luiz Lara, "One Step Back, Two Steps Forward: The Maneuvering of Brazilian Avant-Garde," *Journal of Architectural Education* 55/54, Londres, Mayo 2002, 211-219.

2. Paulo Venâncio Filho, *Roberto Burle Marx: a permanência do instável* (Rio de Janeiro: Rocco, 2009).

3. Jonathan Hill, org., *Occupying Architecture: Between the Architect and the User* (Londres: Routledge, 1998).

4. Walter Benjamin (1936), "The Work of Art in the Age of Mechanical Reproduction," in: *Illuminations* (Londres: Fontana Press, 1972).

5. U.N. HABITAT, *An Urbanizing World, Global Report on Human Settlements* (Nairobi: United Nations Centre for Human Settlements, 1996).

6. Ver Sônia Marques, "Maestro sem orquestra: um estudo de ideologia do arquiteto no Brasil, 1820-1950" (tesis de maestría, Recife, UFPE, 1983).

7. Este texto fue escrito en 2012 cuando Brasil, en el gobierno Dilma Roussef, tuvo la más baja tasa de desempleo de la historia reciente.

ARQUITECTURA MODERNA BRASILEÑA Y EL AUTOMÓVIL

EL MATRIMONIO DEL SIGLO

TRADUCCIÓN DE SILVIA MARCELA CALDERÓN

LAS PROTESTAS EN TODO BRASIL, EN JUNIO DE 2013, NOS DEJARON MUY CLARO A TODOS QUE EL MODELO DE DESARROLLO URBANO ACTUAL YA NO ES SOSTENIBLE EN TRES DE SUS DIMENSIONES CLAVES: ECONÓMICA, SOCIAL Y AMBIENTAL.[1] DESDE EL PUNTO DE VISTA ECONÓMICO, LOS INCENTIVOS DE LA PRODUCCIÓN DE AUTOMÓVILES ESTÁN MUY CERCA DEL PUNTO DE INFLEXIÓN, si es que ya ocurrió y aún no lo percibimos. Esto se debe a que, a pesar de ser un importante sector industrial y comercial, los automóviles imponen impactos significativos en otros sectores de la sociedad, especialmente en la salud (Sistema Único Nacional de Salud – SUS y el Instituto Nacional de Seguridad Social – INSS), y en la productividad (tiempo perdido en el tráfico). Estos impactos deberían llevarnos a considerar una fuerte inversión en un sistema de transporte público más avanzado. Desde el punto de vista ambiental, no hay necesidad de gastar palabras para describir los efectos causados por las emisiones resultantes de la combustión de gasolina en nuestro planeta.[2] Y desde el punto de vista social, si miráramos hacia adelante a una sociedad justa, productiva y saludable como nuestro principal objetivo de desarrollo, sin duda los automóviles tendrían poco que aportar a este proyecto de futuro.

Entonces, ¿por qué estamos tan atados a estas máquinas? ¿Cómo se construyó la hegemonía del automóvil durante el siglo 20, y qué podemos hacer para desmantelar este proceso en el siglo 21?

Para responder a estas preguntas es necesario comprender el lugar que ocupa el automóvil en el imaginario contemporáneo. Parece que Jaime Lerner estaba cierto cuando dijo que nos enfrentamos a un desafío muy similar a la batalla contra el tabaquismo:[3] ambos son hábitos profundamente arraigados en la conciencia social de todo el planeta, que deben ser desalentados debido al daño que causan a la sociedad. Romper el glamoroso vínculo entre los conductores y sus automóviles parece ser el desafío de nuestra generación, al igual que la generación anterior rompió el vínculo glamoroso entre los fumadores y sus cigarrillos.

Sin embargo, para hacerlo, debemos entender cómo ha crecido esta relación de identificación entre los seres humanos y su medio de transporte favorito, propulsado por motores de combustión.

¿CUÁL ES LA RELACIÓN ENTRE LA CONSTRUCCIÓN DE LA HEGEMONÍA DE LA ARQUITECTURA MODERNA Y LA HEGEMONÍA DEL AUTOMÓVIL EN BRASIL?

Ya somos conscientes de que la arquitectura brasileña es completamente moderna, con todas sus contradicciones.[4] Pero, por si existan dudas, podemos usar un breve sofisma numérico para explicar la modernidad del entorno construido en Brasil. Haciendo un resumen cuantitativo de esta extensión, se nota que Brasil solo tenía 2 millones de hogares urbanos en 1940, en comparación con los 35 millones actuales. En aquel año, Oscar

Niemeyer diseñó el Gran Hotel de Ouro Preto y resolvió la discusión que había estado en marcha entre los defensores del academicismo y las escuelas de pensamiento modernistas desde finales de la década de 1920, obviamente a favor de esta última. Sobre eso ya discutimos extensamente en capítulos anteriores, y retomaremos con mayor detalle a continuación.

Volviendo a los números, si suponemos que todo lo construido en Brasil después la década de 1940 fue fuertemente influenciado por el movimiento moderno, entonces el 95% de nuestro espacio construido es moderno. En mayor o menor grado, con más o menos calidad, pero eminentemente moderno. Por lo tanto, es crucial preguntarse: ¿exactamente qué valores espaciales modernos todavía están impregnados en nuestro entorno construido, y cuáles son los problemas que aún persisten? ¿Qué distorsiones han ocurrido durante los últimos cincuenta años? Además, los impactos cualitativos de esta diseminación son mucho más amplios, que es donde esta máquina de goma, plástico y metal, comúnmente conocida como automóvil, entra en juego.

Cuando miramos la historia de la arquitectura moderna, nos damos cuenta que las raíces que nutren el predominio de la circulación sobre todas las demás funciones urbanas se remontan al siglo 19. El concepto clave que sustenta la construcción del mundo moderno siempre ha estado estrechamente vinculado al desarrollo de la movilidad. A finales del siglo 19, incluso antes de que se inventara el automóvil, el problema de la movilidad ya estaba comenzando a remodelar las ciudades, con París siendo el mejor ejemplo, bajo la administración de Georges-Eugène Haussmann entre 1853 y 1870.[5] Respondiendo directamente al levantamiento comunista de 1948, Haussmann vinculó el discurso higienista del recién nacido positivismo con el tema de la movilidad, abriendo decenas de kilómetros de amplios bulevares que atravesaban las estrechas calles de la malla medieval del centro de Paris.[6] Este fue el lanzamiento de un nuevo modelo de planificación urbana basado en amplias avenidas cuyas rutas demolieron prioritariamente las habitaciones de los más pobres, despejando tierras para emprendimientos inmobiliarios que transformarían distritos enteros de las principales metrópolis a lo largo del siglo siguiente. El automóvil, que aún no se había inventado cuando Haussmann cambió la imagen de París, pronto se incluiría como la máquina preferencial en esta ecuación.

En las calles de París, Gustave Trouve estaba experimentando con un vehículo alimentado por electricidad en 1881. Dieciséis años pasaron entre el final de la administración Haussmann y la invención de lo que sería reconocido como el primer automóvil: el Benz Patent-Motorwagen de 1886. La ciudad estaba tan ansiosa por esta nueva máquina que Carl Benz vendió más de sus Motorwagens en Francia que en su Alemania natal. Durante la última década del siglo 19, Daimler inició operaciones, así como Peugeot, Diesel y Studebaker. Pero pasaría otra década más para que Oldsmobile, en Michigan, comenzara a trabajar con una línea de ensamblaje que en 1902 redujo los costos y tiempos de ensamblaje, utilizando un proceso que luego sería mejorado y *apropiado* por Henry Ford, desde 1908 en adelante. Durante la primera década del nuevo siglo, se construyeron 10 mil automóviles, mientras que durante la segunda década otros 6 millones de vehículos automotores salieron a las carreteras, el 80% de ellos en los Estados Unidos. El crecimiento se expandió exponencialmente hasta 1929 – año de la famosa crisis financiera –, cuando la producción anual superó los 5 millones de unidades.[7]

Ciertamente no es ninguna sorpresa percibir que esta invasión de máquinas móviles influenció a todas las propuestas de desarrollo urbano que estaban siendo gestadas en ese momento. En 1914, el arquitecto italiano Antonio Sant'Elia publicó su manifiesto *L'Architettura Futurista*, sugiriendo una ciudad dominada por enormes bloques residenciales divididos por amplias autopistas. Entre 1920 y 1923, el arquitecto franco-suizo Charles-Édouard Jeanneret-Gris – mejor conocido por su seudónimo, Le Corbusier –, publicó un conjunto de manifiestos y proyectos para la ciudad del futuro, donde los automóviles desempeñaban un papel principal.[8] Una de sus casas más famosas se llama Maison Citrohan – que rinde homenaje a los autos Citroën –, de 1922, y precisamente celebra esta idea del hogar como una *máquina de vivir* que es tan eficiente y elegante como el automóvil.

Los automóviles se habían entrelazado indisolublemente en la historia de la arquitectura, con la hegemonía de estas nuevas máquinas enraizadas en el naciente urbanismo, y se estableció firmemente en 1933 a través de la Carta de Atenas. Elaborada por los principales arquitectos modernos de Europa en el Congreso Internacional de Arquitectura Moderna – CIAM, la Carta de Atenas instaba a la separación de la vivienda, el trabajo y la recreación, todos conectados, obviamente, por los automóviles.[9] Las ideas que moldean la modernización y el futuro se sentaron firmemente en un motor de combustión de cuatro ruedas.

En el siglo 19, Brasil pasó por pocas obras de infraestructura. El segundo reinado invirtió la mayor parte de sus controlados recursos en el subsidio de empresas privadas y en la distribución de concesiones de obras para agilizar las salidas de productos agrícolas (ferrocarriles en São Paulo y puertos en Porto Alegre, Santos, Recife, Fortaleza y São Luís), al tiempo que equipaban al ejército para defender la integridad territorial de Brasil, y masacrar revueltas internas. La ciudad de más rápido crecimiento en el período imperial, Rio de Janeiro, absorbió algunos proyectos centrados en el suministro de agua y la modernización de su muelle, ya que este era el puerto más importante de Brasil. La movilidad – especialmente el transporte de los trabajadores – no era una prioridad, ya que la esclavitud aseguraba una fuerza de trabajo que siempre estaba cerca, durmiendo en sótanos de navíos o en las *senzalas* al fondo de las propiedades.

La ausencia de inversiones en movilidad durante el siglo 19 se evidencía por las dificultades de locomoción y logística enfrentadas por el ejército brasileño durante la Guerra de Paraguay (1864-1870), y los levantamientos de Canudos (1896-97) en la recién creada República de Brasil. Coincidiendo con la represión en Canudos a fines del siglo 19, la inauguración de la nueva capital del estado de Minas Gerais, pretendía reemplazar la antigua capital minera de Ouro Preto, fundada dos siglos antes. Belo Horizonte fue resultado de varias batallas políticas, la principal de ellas fue la voluntad de los republicanos en tomar el control de la capital del estado más populoso de Brasil de los *monárquicos* en Ouro Preto. A nivel técnico, la selección del sitio de esta nueva ciudad fue dirigida por su ubicación: un lugar neutral entre el Sur del cultivo de café y el Norte ganadero. El informe elaborado por el ingeniero de saneamiento Aarão Reis menciona un clima templado y abundante agua como ventajas de este sitio al pie de las colinas de la Serra do Curral.

El plano de Belo Horizonte consistía en una red ortogonal de calles superpuestas en una cuadrícula diagonal de avenidas, muy en sintonía con los gustos urbanísticos positivistas de finales del siglo 19. Las calles de 20 metros de ancho, y avenidas de 35 metros de ancho eran el estado del arte de una ciudad que se adentraba en el siglo 20, con buena circulación, buena ventilación e iluminación natural adecuada. Cuando el trabajo de construcción comenzó en 1895, Aarão Reis sugirió que las corrientes de agua pudieran seguir sus cursos naturales por medio de las manzanas, una característica atractiva del sitio.[10] Pero los líderes políticos no estaban para nada encantados por la idea de permitir que la naturaleza indómita corriera libremente a través de los bloques modernos y regulares de la ciudad, particularmente porque esto reduciría las áreas de los lotes a seren vendidos o donados por el gobierno del departamento. Desde el siglo 19, un buen río en Belo Horizonte es un río enterrado: un enfoque miope que todavía se está implementando, incluso en el siglo 21. Aunque eran muy pocos los automóviles en Belo Horizonte durante la década de 1900, ganó la pavimentación y la canalización.

En Rio de Janeiro, incluso antes de la proclamación de la primera República de Brasil, los ingenieros de salud pública ya participaban en discusiones sobre modelos de intervención urbana. Por un lado, André Rebouças había elaborado un plan para la expansión urbana, y mejoras en la preservación de manantiales y cursos de agua, con viviendas que hacían algunas concesiones a la naturaleza.[11] Por otro lado, Francisco Pereira Passos propuso amplias avenidas que atravesaban las estrechas calles de la capital colonial, para mejorar su circulación.[12] André Rebouças dejó Brasil con la familia real en 1889, y Pereira Passos esperó veinte años para convertirse en alcalde e implementar su plan entre 1904 y 1906.

Observando los planos de las avenidas construidas por Pereira Passos, queda claro que estas intervenciones – responsables por un programa de remociones y demoliciones que causó la bien documentada Revolta da Vacina – tenían la intención de simplificar las conexiones entre la zona Sur emergente de la ciudad, y la zona central, donde se concentraban los negocios.[13] Interesante destacar que los proyectos de renovación urbana implementados por el alcalde Pereira Passos utilizaron asfalto por primera vez en Brasil, ahora sí, previendo la inminente llegada de miles de automóviles.

Los siguientes años vieron la llegada de representantes de famosos fabricantes de automóviles de los Estados Unidos a Brasil. Ford abrió un concesionario en São Paulo en 1919, seguido de General Motors – GM, en 1925. En 1920, el futuro presidente de Brasil, Washington Luís, fue elegido gobernador del estado de São Paulo con el lema: gobernar es abrir autopistas. En 1930, el primer gran plan urbano para la ciudad de São Paulo estableció una compleja red de avenidas radiales y axiales que atravesaban la ciudad. Aún hoy conocido como el Plan de Avenidas, las ideas de Prestes Maia impulsarían la expansión de São Paulo, que crecía a un ritmo vertiginoso.[14]

En aquel momento, estaba establecido, en Rio de Janeiro – con el Plan Agache, de 1929 –, y en São Paulo – con el Plan Prestes Maia, de 1930 –, el vínculo entre la infraestructura viario y la expansión territorial de las áreas nobles para las familias de mayores ingresos, mediadas por el automóvil como factor fundamental en esa ecuación.[15] La urbanización del vector Sudoeste de São Paulo y la zona Sur de Rio de Janeiro siguen exactamente tal modelo, como lo demuestra Flavio Villaça.[16] Si hasta la década de 1930, los tranvías impulsaban la expansión dentro de un radio de 3 a 5 kilómetros de las áreas centrales, el automóvil, a partir de 1930, potencializó los procesos de urbanización. Con el uso de automóviles privados para el transporte ahora prioritario y los presupuestos municipales destinados a financiar la infraestructura vial en mayor medida, la elite brasileña abandonó las áreas centrales donde vivían a finales de siglo y se trasladó a nuevas subdivisiones a unos diez kilómetros de distancia, en un proceso inmobiliario cuyos impactos económicos aún no se han analizado adecuadamente. Otros lugares de la ciudad – vector Norte-Este-Sur, en São Paulo; vector Norte-Oeste, en Rio de Janeiro –, se convirtieron en el hogar de masas de trabajadores a través de un proceso de desarrollo inmobiliario que movió mucho dinero, y convirtió a las fincas en subdivisiones masivas de viviendas, aunque con una inversión menos intensa en infraestructura viaria, pública y particular. La secuencia de protestas urbanas impulsada por los aumentos de tarifas entre 1923 y 1947 revelan, claramente, las desigualdades inherentes a este proceso.[17]

Mientras Rio de Janeiro y São Paulo encabezaban los procesos de expansión territorial impulsados por los automóviles, fue en la plácida Belo Horizonte donde el motor de combustión en cuatro ruedas encontró su lugar de honor en la imaginación del país. En octubre de 1940, el médico Juscelino Kubitschek fue nombrado alcalde de la ciudad por el gobernador del estado de Minas Gerais, Benedito Valadares. Pronto, este joven alcalde se dio cuenta que los proyectos de saneamiento público y la construcción de carreteras y calles serían una gran manera de aumentar su popularidad y recaudar fondos para campañas posteriores. Su predecesor, Otacílio Negrão de Lima, había construido una represa en el sector Norte de la ciudad que formaba un lago artificial en Pampulha, secando las ciénagas río abajo donde se construiría el aeropuerto municipal con el mismo nombre.

Cuando Juscelino Kubitschek asumió el cargo de alcalde, se encontró con un problema: Negrão de Lima y Benedito Valadares invitaron a magnates inmobiliarios a invertir en el desarrollo del área alrededor de este lago, pero tres años después de la inauguración, los lotes no se estaban vendiendo tan bien como se esperaba. No importa cuán atractivo era su paisaje, nadie quería trasladarse a Pampulha a 12 kilómetros del centro de la ciudad. Sin embargo, el nuevo alcalde no tuvo dudas y abrió una amplia avenida bordeada de palmeras imperiales entre la Pampulha y el límite Norte de la ciudad en ese momento, y comenzó la búsqueda por un arquitecto moderno para diseñar algunos edificios públicos y las instalaciones que harían de la Pampulha un sitio más atractivo para la clase alta local.

Durante sus intentos de salvar a Pampulha del inminente desastre inmobiliario, Kubitschek estaba charlando un día con su colega y alcalde de Ouro Preto, quien habló muy bien de un joven arquitecto de Rio de Janeiro que había diseñado un nuevo hotel para esta ciudad histórica. Sabiendo que este arquitecto visitaría Ouro Preto unas semanas más tarde, el alcalde Kubitschek lo invitó a una reunión en Belo Horizonte. Con solo 33 años, el joven Oscar Niemeyer ya era el *enfant terrible* de los arquitectos modernistas, en la que entonces era la capital de Brasil, habiendo trabajado en el diseño del Ministerio de Educación y Salud Pública – MES, en 1936, y el Pabellón de Brasil en la Feria Mundial en Nueva York, en 1939. Su diseño para el Grande Hotel de Ouro Preto fue el primer proyecto en el que se recalibraron sus líneas ultramodernas para combinarse perfectamente con el tejido urbano del siglo 18 de Ouro Preto. Desde su cargo de director en el Instituto Nacional de Patrimonio Artístico e Histórico – IPHAN, Lúcio Costa le pidió a su alumno Oscar Niemeyer que utilizara tejas cerámicas en el techo, celosías de madera en lugar de brises verticales, y columnas cuadradas en lugar de redondas, siguiendo diseños coloniales tradicionales.[18] Aunque aceptó las dos primeras sugerencias, Niemeyer usó columnas cuadradas solo en la fachada, conservando sus diseños redondos originales para los interiores. El Grande Hotel de Ouro Preto fue la pieza que faltaba por parte de los arquitectos modernistas de Rio de Janeiro para ganar la batalla contra los seguidores de la estética más clásica, que impulsaban un estilo arquitectónico más acorde con el pasado de Brasil.

AL PRESENTAR UN EDIFICIO MODERNO EN EL CORAZÓN DE UNA IMPORTANTE CIUDAD DEL BRASIL COLONIAL, NIEMEYER Y COSTA UNIERON LA LEGITIMIDAD DE VOLVER A LEER EL PASADO SEGÚN SU MARCO, AL PROYECTO DEL FUTURO QUE ELLOS YA DOMINABAN.

A los academicistas les fue retirada su autoridad sobre el pasado, ya que el IPHAN fue creado en 1937 por los modernistas, y les restó observar la vibrante explosión de la modernidad que tuvo Brasil durante los años 1940 y 1950, extendiéndose hasta abril de 1960 con la inauguración de Brasilia.

Pero antes de pasar a Brasilia, debemos hablar un poco más sobre el Grande Hotel de Ouro Preto y nuestro tema central: el automóvil. Los lectores más atentos ya habrán comprendido hacia dónde se dirige el argumento. Construida durante el siglo 18, Ouro Preto nunca fue diseñada para acomodar automóviles. Todos sus edificios principales se construyeron junto al alineamiento de las vías, con puertas que se abren directamente sobre sus aceras. El Grande Hotel diseñado por Niemeyer en 1940 marcó el comienzo de un nuevo diseño. Para la mayoría de los visitantes que lo ven desde la plaza de la fuente Casa dos Contos, su característica más llamativa sigue siendo la amplia rampa que se curva desde la calle, diseñada específicamente para automóviles. Continuando su curso, el edificio principal del hotel se abre para recibir los automóviles al final de la rampa, con el objetivo de proteger a sus huéspedes de la lluvia. Solo entonces aparece otra rampa, más estrecha, que invita a los visitantes a caminar hacia el lobby y otras áreas públicas del hotel. Ya en 1940, en este edificio clave para entender la arquitectura brasileña moderna, se percibe el protagonismo del automóvil, que era completamente inexistente hasta entonces. Diseñado durante la década de 1930, el MES fue fotografiado exhaustivamente con los últimos modelos de Ford, Buick y Chevrolet del momento. Lo mismo ocurrió con el aeropuerto Santos Dumont. Sin embargo, ninguno de ellos invitó a los automóviles a ingresar directamente al edificio, como el Grande Hotel de Ouro Preto.

Volvamos a la reunión trascendental entre Kubitschek y Niemeyer. Cuenta la leyenda que el alcalde pasó toda una tarde caminando alrededor de la represa con el arquitecto, pidiéndole que esbozara algunos diseños y regresara a Belo Horizonte. Muy consciente de la prisa y del espíritu realizador del alcalde, el joven arquitecto trabajó toda la noche, y al amanecer del día siguiente ya tenía varios dibujos para presentar. El joven alcalde – cinco años mayor que el arquitecto, Kubitschek tenía 38 años en 1940 –, aprobó sus ideas allí mismo, y el trabajo comenzó pocos meses después. Niemeyer proyectó para Pampulha un hotel, un casino, una capilla, un club social y un pequeño lugar para eventos. Aunque el hotel nunca fue construido, los otros cuatro edificios entraron en la historia de la arquitectura mundial, exhibidos en el Museo de Arte Moderno de Nueva York – MoMA incluso antes de su finalización en 1942, y apareciendo en todos los compendios de arquitectura moderna desde entonces.

No es necesario recordarles a los lectores brasileños el impacto que tuvo para la historia de país este encuentro de 1940, en las orillas del lago Pampulha.[19] Particularmente porque en algunas páginas exploraremos Brasilia: la mayor realización de ese par. Un buen ejemplo es el edificio del Casino (hoy el Museo de Arte de la Pampulha). Encaramado en una pequeña península, y rodeado de agua por tres lados, el edificio del casino está conectado con el resto de la ciudad por una rampa de automóvil enmarcada por jardines diseñados por Roberto Burle Marx. En la parte superior de la rampa, una marquesina generosa protege a los visitantes del clima y le da la bienvenida al edificio. Al igual que en el Grande Hotel de Ouro Preto, no hay una entrada específica para peatones, ni ninguna separación entre carriles y andenes. El casino fue diseñado para que se llegara en cuatro ruedas, sin más opciones.

En la Capilla de Pampulha, los automóviles fueron relegados a un nivel de importancia más bajo: aunque los autos pueden ser conducidos directamente hasta la puerta de la iglesia, esta no es la ruta habitual. Hoy en día, solo se permite a las novias bajar del automóvil en frente a la marquesina de la capilla. Parece poco probable que esto fuera diferente en el pasado, es difícil imaginar largas procesiones de autos llevando a los fieles a la misa del domingo. Pero incluso aquí, los carros no fueron tratados como máquinas y sus motoristas como maquinistas.

Entre las muchas obras de arte encargadas de embellecer los edificios de la ciudad y convertirlos en íconos, cosa que realmente son por mérito propio, el más llamativo es el panel de azulejos en la pared trasera de la Capilla de Pampulha, diseñado por Cândido Portinari. Mientras los fieles rezan frente a un mural pintado, miles de personas que conducen sus automóviles a lo largo de las orillas del lago pueden apreciar esta obra maestra de azulejos de Portinari. Fruto de un arquitecto comunista, según algunos, pues la mejor parte de este diseño está de espaldas al sacerdote, mirando hacia toda la ciudad. Sin embargo, no deja de ser interesante que no haya un punto de permanencia, o un lugar para detenerse, ya que la plaza más cercana está más alta y desconectada del panel, configurándose como un recorrido. Incluso el ángulo entre el panel y la carretera se diseñó para maximizar la vista de las personas que conducen a gran velocidad. A pesar de que la arquitectura y el urbanismo brasileños habían sido encandilados durante mucho tiempo por el motor de combustión en cuatro ruedas, fue en Pampulha en el período de 1941-1942 que Oscar Niemeyer dotó a esta relación con la forma y el glamour apropiados.

Entre 1942 y 1955, Juscelino Kubitschek y Oscar Niemeyer formaron una sociedad que cambiaría la cara de la nación, y un componente significativo de esta nueva imagen era el automóvil como símbolo del Brasil moderno.[20]

No fue por casualidad que Kubitschek le dio tanta importancia a la industria del automóvil. Una industria con impactos masivos a lo largo de toda la cadena de producción, y estrechamente asociada con el concepto de modernidad, encajó en su visión desarrollista y privatista del futuro como un guante. Aunque hoy tenemos una idea muy limitada y deslucida de las administraciones de Kubitschek, debe recordarse que se presentaban como una alternativa democrática a las políticas laborales encabezadas por Vargas, João Goulart y Brizola. Por el contrario, su centro de gravedad yace en el capital, en lugar de los trabajadores. Si hoy se considera que su administración fue progresiva y transformadora, es porque este énfasis en la imagen de la modernidad fue extremadamente eficiente, sin ninguna forma de distribución de riquezas o beneficios reales para los trabajadores.

Y ninguno de los logros de Kubitschek encaja mejor en este impulso hacia la modernidad que su meta-síntesis: la construcción de Brasilia. Diseñada como un vector de desarrollo para Brasil, que al mismo tiempo servía para concentrar la atención de la sociedad, no había forma de que Brasilia pudiera dejar de ser la ciudad del automóvil por excelencia. Recordando marzo de 1956, cuando Kubitschek asumió el cargo de presidente de Brasil, el contexto político en Rio de Janeiro fue de confusión. Kubitschek fue elegido con solo el 36% de los votos, y su vicepresidente, João Goulart, representaba a otras fuerzas políticas, nada alineadas con el Partido Social Demócrata – PSD del estado de Minas Gerais. La construcción de Brasilia fue un instrumento catalizador para las maniobras políticas que le permitieron al presidente recién elegido no solo completar su mandato, sino hacerlo con altas calificaciones de aprobación.

La idea de construir una nueva ciudad capital en el corazón de Brasil había estado en discusión, sin grandes entusiasmos, desde que Brasil declaró su independencia del dominio colonial en 1822. A fines del siglo 19, la Comisión Cruls[21] fue enviada a las llanuras del interior del Planalto Central para inspeccionar específicamente posibles áreas para una nueva capital federal. El área delimitada por Luis Cruls, en 1892, luego se mostró en todos los mapas oficiales del Brasil central, hasta que Kubitschek regresó a este asunto durante su campaña de 1955. Una vez en el cargo, actuó rápidamente y comenzó la construcción de esta nueva ciudad. El concurso para seleccionar el plan urbano fue lanzado el 30 de septiembre de 1956. Por coincidencia, el Presidente Kubitschek firmó el Decreto 39.412 solo tres meses antes, estableciendo el Grupo Ejecutivo de la Industria del Automóvil – GEIA. Aunque las raíces de Brasilia y la industria automotriz de Brasil se remontan ligeramente al siglo 19, ambas fueron efectivamente creadas, casi simultáneamente, por Juscelino Kubitschek en 1956.

Hasta 1951, los automóviles llegaban a Brasil desde el exterior, ya completos o en piezas para el ensamblaje local, con niveles de producción nacional extremadamente bajos, lo que representaba 15% de pagos externos de la Tesorería Brasileña. En 1952, el presidente Getúlio Vargas prohibió la importación de piezas en caso de que hubieran nacionales similares, lo que ayudó a la incipiente industria Brasileña de autopartes a ganar espacio. En 1953, Vargas prohibió la entrada de vehículos completos, y durante los dos años siguientes, Mercedes Benz y Volkswagen instalaron plantas de ensamblaje para competir con Ford, GM y Studebaker, que ya estaban establecidos en Brasil. El mercado se expandía a más del 10% anual, pero el dilema entre importar – con impacto en la balanza externa de pagos – y nacionalizar, estaba instaurado.

Este fue el contexto económico que encontró el presidente Kubitschek cuando asumió el cargo el 31 de enero de 1956. Un entusiasta del automóvil desde sus días como alcalde de Belo Horizonte, trabajó rápidamente para atraer inversiones extranjeras de auto ensamblaje, al mismo tiempo que se esforzó por intensificar los niveles de contenido local en este sector. Ese mismo año, el 28 de septiembre, inauguró la línea de ensamblaje de camiones Mercedes-Benz, y vio salir de la planta en Santa Bárbara do Oeste a Romi-Isetta, con un 70% de contenido local. Dos meses después, en noviembre de 1956, en una fiesta en el Copacabana Palace Hotel se lanzó el camión ligero DKW, fabricado por Vemag, con un 60% de su contenido compuesto por piezas fabricadas localmente. Durante los años siguientes, la producción de automóviles y camiones con niveles de contenido local de más del 70% dominó el mercado brasileño.

En este punto, se hace necesario elaborar una crítica a los estudios de historia urbana y arquitectónica brasileños. Todos los autores han discutido Brasilia como una ciudad dominada por el automóvil, pero sin vincular los puntos entre la construcción de esta nueva capital y la política adoptada, con igual entusiasmo, por la administración de Kubitschek. Si él encomendó cuatro edificios sobresalientes en Pampulha, para ayudar a los promotores inmobiliarios a vender parcelas en lo que entonces era un suburbio remoto, ¿no habría sido Brasilia diseñada, de alguna forma, para aumentar la demanda de automóviles, incrementando así el mercado para la expansión del sector de industria automotriz de Brasil? No se trata de decir que Brasilia fue creada para impulsar la demanda de automóviles, pero tampoco hay duda de que

EL SIMBOLISMO DE LA MODERNIDAD DE LA NUEVA CAPITAL, ENCAJÓ A LA PERFECCIÓN CON LOS PLANES DEL PRESIDENTE PARA INCENTIVAR EL CRECIMIENTO DE ESTE SECTOR INDUSTRIAL.

En cuanto a los otros proyectos enviados al concurso del plan urbano de Brasilia, se percibe que la mayoría de los premiados se apoyaron tan fuertemente en el automóvil como el proyecto seleccionado presentado por Lúcio Costa. Una excepción honorable es el proyecto presentado por los hermanos Marcelo y Maurício Roberto – clasificados en el cuarto lugar –, que trataba a los automóviles como vehículos puramente recreativos, y proponía para los trayectos urbanos el *monorail*, escaleras mecánicas o autobuses.[22]

ARQUITECTURA MODERNA BRASILEÑA Y EL AUTOMÓVIL

No tiene mucho sentido preguntarse en qué medida el plan de Lúcio Costa reverenciaba más o menos el automóvil, ya que solo uno de los siete diseños premiados no lo hizo. Lo importante es entender a Brasilia, y toda la planificación urbana del siglo 20 en Brasil, como una apología al automóvil, como una máquina hegemónica en la construcción de la movilidad. Otras soluciones urbanas, si las había, fueron borradas rápidamente por el poder de los enlaces construidos entre la arquitectura, la modernidad y el automóvil.

En un momento en que el agotamiento de este modelo es bastante claro, surgen las preguntas: ¿cómo debemos diseñar ciudades hoy en día para que dentro de cincuenta años, tengamos estructuras de movilidad más eficientes y menos agresivas, mejorando las relaciones entre los seres humanos y el ambiente que nos rodea? ¿Cómo podemos romper la relación de glamour e identificación que tenemos con el automóvil, en lugar de desarrollar valores más sanos y sostenibles, como caminar y andar en bicicleta, sentarse en un banco de una plaza o simplemente interactuar con otras personas? Acciones simples, y se puede decir, fundamentales, para la sociedad, diariamente arruinadas por la presencia hegemónica del cuadriciclo de motor a combustión, comúnmente llamado de automóvil.

NOTAS

NE. Publicación anterior del texto: Fernando Luiz Lara, "A arquitetura moderna brasileira e o automóvel: o casamento do século," in: *Cidade e movimento: mobilidade e interações no desenvolvimento urbano*, orgs. Renato Balbim, Cleandro Krause y Clarisse Cunha Linke (Brasilia: IPEA, 2016), 131-142.

1. Fernando Luiz Lara, "O passe livre e outros pontos cegos da esquerda brasileira," *Brasil 247*, 21 Junio 2013, <http://goo.gl/x9qkmn>; James Holston, "Come to the Street: Urban Protest, Brazil 2013," *Hot Spots*, Cultural Anthropology, 20 Diciembre 2013, <https://culanth.org/fieldsights/458-come-to-the-street-urban-protest-brazil-2013>.

2. Tom Vanderbilt, *Traffic: Why We Drive the Way We Do (and What it Says About Us)* (Nueva York: Alfred A. Knopf, 2008); Peter Maass, *Crude World: the Violent Twilight of Oil* (Nueva York: Alfred A. Knopf, 2009).

3. A lo largo de la utlima decada, em seminarios, palestras, entrevistas y eventos em general, el arquitecto Jaime Lerner viene reiteradamente repetiendo el sloan "El automóvil es el cigarillo del futuro." Jaime Lerner, Entrevista para el periódico *Folha de São Paulo*, 10 Diciembre 2013. <http://www1.folha.uol.com.br/cotidiano/2013/10/1355282-carro-e-o-cigarro-do-futuro-diz-lerner.shtml>

4. Carlos Alberto Ferreira Martins, "Identidade nacional e Estado no projeto modernista. Modernidade, Estado e tradição," in: *Textos fundamentais: sobre história da arquitetura moderna brasileira – parte 1*, org.

Abilio Guerra (São Paulo: Romano Guerra, 2010), 279-297; Carlos Alberto Ferreira Martins, "Há algo de irracional... Notas sobre a historiografia da arquitetura brasileira," in: *Textos fundamentais: sobre história da arquitetura moderna brasileira – parte 2*, Abilio Guerra (São Paulo: Romano Guerra, 2010); Fernando Luiz Lara, "One Step Back, Two Steps Forward: the Maneuvering of Brazilian Avant-Garde," *Journal of Architectural Education* 55/4, Londres, 2002, 211-219; Lauro Cavalcanti y André Corrêa do Lago, *Ainda moderno? Arquitetura brasileira contemporânea* (Rio de Janeiro: Nova Fronteira, 2005).

5. Stephane Kirkland, *Paris Reborn: Napoléon III, Baron Haussmann, and the Quest to Build a Modern City* (Nueva York: St. Martin's Press, 2013).

6. Shlomo Barer, *The Doctors of Revolution: 19th-Century Thinkers who Changed the World* (Nueva York: Thames & Hudson, 2000); Henri Malet, *Le Baron Haussmann et la Rénovation de Paris* (Paris: Les Éditions Municipales, 1973).

7. Paul Ingrassia, *Crash Course: the American Automobile Industry's Road from Glory to Disaster* (Nueva York: Random House, 2010).

8. Ulrich Conrads, *Programs and Manifestoes on 20th-Century Architecture* (Londres: Lund Humphries, 1970).

9. Eric Mumford, *The Ciam Discourse on Urbanism: 1928-1960* (Cambridge: MIT Press, 2000).

10. Abílio Barreto, *Belo Horizonte: memória histórica e descritiva* (Belo Horizonte: Secretaria Municipal de Cultura, 1996).

11. Alexandro Dantas Trindade, *André Rebouças: um engenheiro do império*, Colección Pensamento Político-Social (São Paulo: HUCITEC/FAPESp, 2011).

12. Jaime Larry Benchimol, *Pereira Passos: um Haussmann tropical: A renovação urbana da cidade do Rio de Janeiro no início do século XX* (Rio de Janeiro: Secretaria Municipal de Cultura, Turismo e Esporte, 1990); Sidney Chalhoub, *Cidade febril: cortiços e epidemias na corte imperial* (São Paulo: Companhia das Letras, 1996).

13. Chalhoub, *Cidade febril*.

14. Benedito Lima de Toledo y Beatriz Mugayar Kühl, *Prestes Maia e as origens do urbanismo moderno em São Paulo* (São Paulo: Empresa das Artes Projetos e Edições Artísticas, 1996).

15. Denise Cabral Stuckenbruck, *O Rio de Janeiro em questão: o Plano Agache e o ideário reformista dos anos 20*, Série Teses, dissertações e monografias (Rio de Janeiro: Observatório de Políticas Urbanas e Gestão Municipal, 1996).

16. Flávio Villaça, *Espaço intraurbano no Brasil* (São Paulo: Studio Nobel, 1998).

17. Marco Antonio Villela Pamplona, *Historiografia do protesto popular e das revoltas urbanas* (Rio de Janeiro: PUC-Rio História, 1991).

18. Lara, "One Step Back;" Lauro Cavalcanti, *As preocupações* (Rio de Janeiro: Taurus, 1995).

19. Luis Carranza y Fernando Luiz Lara, *Modern Architecture in Latin America: Art, Technology and Utopia* (Austin: University of Texas Press, 2015).

20. Carlos Eduardo Comas escribió sobre la conexión del automóvil con la arquitectura moderna utilizando como ejemplo la casa Barragán, de 1947, en la Ciudad de Mexico. Carlos Eduardo Dias Comas, "Stud banker bang bang! Casa e ateliê. Barragán em Tacubaya, México, 1947," *Arquitextos*, São Paulo, año 01, n. 006.08, Vitruvius, Nov. 2000 <http://www.vitruvius.com.br/revistas/read/arquitextos/01.006/961>.

21. Se trata de una expedición liderada por el ingeniero Luís Cruls en 1892, para documentar y localizar el espacio donde debería ser construida la nueva capital, en el Planalto Central de Brasil.

22. Milton Braga, "O concurso de Brasilia: os sete projetos premiados" (tesis de maestría, FAU USP, 1999). Publicación: Milton Braga, *O concurso de Brasilia: sete projetos para uma capital* (São Paulo: Cosac Naify, 2010).

CONTINUIDADES Y RUPTURAS EN LA ARQUITECTURA CONTEMPORÁNEA BRASILEÑA

LOS DESAFÍOS PARA ENTENDER LA ARQUITECTURA BRASILEÑA CONTEMPORÁNEA SON SIMILARES AL TAMAÑO DEL PAÍS: EL QUINTO PAÍS DEL MUNDO EN TÉRMINOS DE SUPERFICIE (8 MILLONES DE KM^2) Y DE POBLACIÓN (207 MILLONES), Y OCTAVO EN PBI (2,1 TRILLONES DE DÓLARES ESTADUNIDENSES) EN 2017.

De hecho, cualquier intento por abarcarla en su totalidad sería demasiado superficial si se busca el equilibrio regional, o excesivamente exclusivo si nos centramos en las historias más densas de Rio de Janeiro y São Paulo.

Con la cultura edilicia como punto de partida, percibimos en el Sur del país un enfoque tectónico que muestra la intensa conexión con los vecinos Argentina y Uruguay. En Minas Gerais, la industria del acero se introdujo en la arquitectura contemporánea, mientras que la mejor arquitectura del nordeste tropical se ha centrado en la ventilación y la refrigeración pasiva. Ni una tendencia ni un movimiento único pueden resumir lo que se ha construido en Brasil en las últimas tres décadas. Para hablar del pasado cercano es necesario tomar una perspectiva mayor, y regresar a principios del siglo 20 para mostrar las continuidades y rupturas como marco que define a la arquitectura brasileña más reciente.

RAÍCES DEL MODERNISMO: CONTINUIDADES INVENTADAS Y RUPTURAS CALCULADAS

Rio de Janeiro había sido el centro de la vida cultural brasileña desde fines del siglo 18 cuando la fiebre del oro en Minas Gerais llevó a que los portugueses mudaran su capital colonial de Salvador a Rio – que hasta entonces no pasaba de una pequeña población junto a la bahía de Guanabara. Hacia finales del siglo 19, Rio era, sin duda, la ciudad más importante en los trópicos del Atlántico Sur, y esto se exacerbó cuando el rey D. João VI de Portugal se instaló allí con toda su corte en 1808, huyendo de Napoleón Bonaparte. La Real Academia de Bellas Artes fue fundada en 1816 con la ayuda de diversos artistas franceses que también huían de Napoleón, y el neoclasicismo reinó todopoderoso durante el imperio brasileño (1822-89). Con el advenimiento de la República, diversas iniciativas urbanas como la construcción de Belo Horizonte (1894-97), y las reformas en el centro de Rio de Janeiro (1903-07), marcaron la pauta de la modernización, mientras el modernismo esperaría un poco más. Es interesante destacar que si bien la construcción de Belo Horizonte tiene en La Plata un importante precedente – la misma cuadrícula ortogonal atravesada por avenidas diagonales –, a la apertura de los amplios bulevares en el centro de Rio pronto le seguiría la avenida Nueve de Julio en Buenos Aires.

Mientras tanto, en São Paulo, la icónica Semana de Arte Moderna de 1922 se inscribió en la narrativa como el origen mítico del modernismo, además de desplazar, temporalmente, hacia el centro a la que por entonces era la segunda ciudad brasileña, anunciando cambios que se cristalizarían cuarenta años después. Rio pronto reclamaría su liderazgo con los eventos que rodearon a la administración de Lúcio Costa en la Escuela Nacional de Bellas Artes en 1931, y la invitación a Le Corbusier en 1936. La creación de una escuela carioca muestra el sendero transitado por los primeros arquitectos modernistas brasileños desde un punto de partida internacional corbusiano, para volverse cada vez más nacionalista y lograr, simultáneamente, publicidad mundial. El discurso articulado inicialmente por Costa como respuesta a las disputas locales, un compilado retórico con el barroco del siglo 18, que puede ser trazado hasta el Museu das Missões (Museo de las Misiones) – Costa operaba entre la conservación y la modernidad desde la década de 1920 –, resultó ser un discurso muy fructífero que permitió a los modernistas reclamar la máxima autoridad del pasado y también del futuro. Si en la vanguardia modernista tradicional el pasado se usa como una alteridad – algo a lo que oponerse – el caso brasileño es singular por su uso de la memoria histórica en la construcción de la identidad moderna.

Aquí tenemos el primer caso importante de continuidades inventadas y rupturas calculadas en la arquitectura moderna brasileña. A mediados de la década de 1930, Lúcio Costa lideró intelectualmente a su grupo para celebrar las continuidades con el pasado colonial,[1] algo inédito en el ámbito de la vanguardia moderna.[2] Debemos destacar que no se trata de todo el pasado, sino de un mito cuyo origen fue cuidadosamente diseñado y elegido, que reforzó el papel de Rio como centro gravitacional de Brasil. Al mismo tiempo, incluyeron también una ruptura calculada con el eclecticismo del siglo 19, defendida por sus competidores anteriores.

Todas esas ideas se combinarían en el Grande Hotel de Ouro Preto, diseñado por Niemeyer en 1940. Con sus tejados de cerámica, columnas de madera y celosías, el edificio queda casi oculto por el contorno del sitio. Visto desde lejos, armoniza completamente con la ciudad del siglo 18 y sus iglesias barrocas. Una mirada más próxima revela paneles de vidrio a los que se accede por rampas, una modulación modernista de las galerías, y un entrepiso que se convertiría en la marca registrada de la alta modernidad de Niemeyer. Aún más importante, es que fue ahí donde Oscar Niemeyer conoció a Jucelino Kubitschek. La asociación entre el joven arquitecto y el joven alcalde cambiaría la faz del país. Kubitschek se convirtió en el mecenas que encargaría las mejores obras de Niemeyer, algo que Amancio Williams, por ejemplo, nunca encontró. Los edificios de la Pampulha en Belo Horizonte son lo más destacado de esa época, en la que Niemeyer giró cada vez más en dirección a las rupturas. La capilla de San Francisco de Asís, habitualmente conocida como la Capela da Pampulha (Capilla de la Pampulha), es una estructura reducida, construida sobre una pequeña península, un espacio de tierra curvo entre el lago, el camino peatonal y el borde de agua, con la capilla mirando hacia el lago y su fachada posterior hacia la calle. Sus bóvedas parabólicas están cubiertas de pequeños azulejos cerámicos (pastillas), los paneles de vidrio y los brises están en la fachada, el campanario está invertido, y la marquesina que conecta la torre con la puerta principal define la entrada. Aquí Niemeyer se desvió de los cinco puntos de Le Corbusier para lograr la plasticidad que deseaba sin adherirse estrictamente al vocabulario formal racionalista.

El Casino de la Pampulha también fue construido en una península entre el lago y la calle, esta vez con la entrada hacia a los jardines de Burle Marx y a la calle. Los elementos de la entrada – como su marquesina de forma libre apoyada en finas columnas de acero y los paneles de vidrio continuo en la fachada – serian exhaustivamente replicados en todo Brasil. El interior del volumen cúbico principal está dominado por una rampa, y columnas circulares de hormigón salpican el espacio. En la parte posterior, del lado del edificio que da al lago, una pista de baile elíptica se integra al volumen principal con otra rampa. La pared exterior de vidrio atrás de la pista de baile transporta el paisaje del lago para dentro del edificio. Kenneth Frampton comentó que "el genio de Niemeyer alcanzó su máximo esplendor en 1942" en el casino, donde "reinterpretó la noción corbusiana de la *promenade architecturale* en una composición espacial de notable equilibrio y vivacidad."[3]

Celebrado en la década de 1940 por su sensualidad curvilínea, que según se dice, insufló aire fresco al modernismo europeo, la Pampulha también se puede leer a través de sus continuidades. Veamos, por ejemplo, los programas: en vez de edificios para la nueva clase trabajadora e infraestructura moderna, las estructuras de Niemeyer son una iglesia, un casino, un club náutico y un salón de baile, todas dirigidas a las élites que habría que atraer al desarrollo suburbano que las rodea.

La década de 1940 sería testigo de la consolidación de la escuela carioca cuando los hermanos Roberto, Olavo Redig Campos, Jorge Moreira y Affonso Reidy se sumaron a Oscar Niemeyer, y produjeron el mejor modernismo de la época. Debido a ello, la arquitectura brasileña fue introducida en la década de 1950, gozando del reconocimiento mundial por su calidad e inventiva, y cerró con lo que puede ser su punto culminante: la construcción de Brasilia (1957-60). Entre los edificios más importantes de los años cincuenta en Brasil, podemos destacar varios de Oscar Niemeyer, como la Escuela Estadual Professora Júlia Kubitschek, en Diamantina, el Copan y el Conjunto JK, en São Paulo. En esta ciudad también diseñó el complejo del Parque Ibirapuera, donde aún hoy se celebra la prestigiosa Bienal de Arte. En la década de 1950 todos los ojos de los arquitectos estaban posados en Brasil.

Pero la inauguración de Brasilia también significaría el fin del enamoramiento del hemisferio Norte con la arquitectura brasileña. En palabras de Adrian Forty y Elisabetta Andreoli, "fue como si la arquitectura brasileña hubiera dejado de existir".[4] Esta desafortunada desaparición llevó a que parte de la mejor arquitectura moderna brasileña sea desconocida para el resto del mundo. Arquitectos como Affonso Eduardo Reidy talvez hayan sido publicados con el conjunto Pedregulho (1946-50) y el Museo de Arte Moderno – MAM de Rio (1953-67), pero otros como Lina Bo Bardi y Roberto Burle Marx solo serían visibles para el mundo en los años 1980, cerca al final de sus vidas. Curiosamente, esta desaparición de la arquitectura moderna brasileña coincide con la dictadura militar que dominó el país entre 1964 y 1985.[5] Otros arquitectos talentosos como João Batista Vilanova Artigas, Sérgio Bernardes, Joaquim Guedes, Oswaldo Bratke, Eduardo Mendes Guimarães y Álvaro Vital Brasil nunca recibieron el reconocimiento internacional que sus refinadas obras merecen.

La década de 1950 también fue testigo de un importante momento de ruptura con el nacimiento de la escuela paulista, un movimiento con gran densidad alrededor del cual la arquitectura brasileña todavía gravita. Ya en 1950 Vilanova Artigas estaba llevando el hormigón armado al límite en la Estação Rodoviária de Londrina (Estación de Autobuses de Londrina). El brutalismo aún estaba fresco en la Unité d'Habitation de Le Corbusier en Marsella cuando Artigas comenzó a trabajar en el estadio Morumbi (1952-60). Al año siguiente, Affonso Eduardo Reidy, un exponente de la escuela carioca, tendría una gran influencia con su diseño para el Museo de Arte Moderno en Rio: una estructura externa de columnas secuenciales – más finas en su encuentro con el suelo, más gruesas arriba – que soportaban grandes losas para lograr la máxima flexibilidad. En el MAM, Reidy anticipa muchas de las características que definen a la escuela paulista, y que madurarían años más tarde.[6] La rigurosa estructura en hormigón a la vista domina la disposición espacial y permite la flexibilidad interior, la cual es destacada por planos horizontales cambiantes. Si bien los pilotis eran una marca registrada de la escuela carioca desde el Ministerio de la Educación y Salud (1936), el Grande Hotel Ouro Preto (1940) y muchos otros, en los últimos trabajos de Reidy el edificio no está construido sobre ellos, sino que es incorporado por un esqueleto externo que se eleva y lo envuelve simultáneamente. Está muy pendiente, todavía hoy, un estudio de los desarrollos espaciales y técnicos de Affonso Reidy y de Clorindo Testa.

En 1957 Lina Bo Bardi comenzó a trabajar en el edificio del Museo de Arte Moderno de São Paulo – MASP, y al año siguiente Joaquim Guedes construyó la casa Cunha Lima. Todas son obras pioneras (incluidas las de Reidy) en el uso de hormigón armado visible, y cajas contenedoras con planta flexibles, que se convertirían en marcas registradas de la escuela paulista. En 1958, Paulo Mendes da Rocha, con treinta años, construyó el Gimnasio del Club Atlético Paulistano, un estadio deportivo con capacidad para dos mil personas. En respuesta a un concurso, el proyecto de Mendes da Rocha hunde la cancha de deportes debajo del nivel del suelo y eleva la plataforma a su alrededor para maximizar la relación entre el interior y el exterior. La cubierta se resuelve con un anillo de hormigón plano, de 35 metros de diámetro, cubierto con placas translúcidas sobre cables tensados, apoyados en tan solo seis columnas triangulares. La forma de las columnas es perfecta para transferir las fuerzas centrípetas a los cimientos de la fundación, estabilizar la cubierta, mantener un contacto mínimo con el suelo y dramatizar todos los esfuerzos gravitatorios.

Es importante señalar que toda esta actividad ocurría mientras Brasilia estaba siendo construida. La atención internacional (y en mayor grado, la atención brasileña) estaba centrada en la construcción de la nueva capital. Resulta interesante percibir cómo Brasilia influiría indirectamente en el surgimiento de la escuela paulista. La sobredosis del modernismo carioca marcó la ruptura hacia un nuevo lenguaje.

Después del cambio de la capital, el 21 de abril de 1960, São Paulo era, de alguna manera, libre para proclamar su propia centralidad. Rio de Janeiro seguiría siendo un fuerte centro cultural durante décadas, pero es sintomático que la transferencia de un modernismo carioca a uno paulista haya ocurrido casi al mismo tiempo que el gobierno nacional se mudó al Planalto Central, y este no había sido explorado inicialmente por los portugueses, sino por los *bandeirantes* paulistas del siglo 17. São Paulo se había convertido en el nuevo centro y su gravedad sería ejercida durante varias décadas en edificios como el estadio de fútbol de Mendes da Rocha, en Goiânia, el terminal de autobuses y barcos de Carlos Fayet, en Vitoria, o la casa Bettega de Artigas, en Curitiba.

El edificio de la FAU USP es una síntesis de todos los experimentos de la década anterior. Una caja elevada de 110m x 66m envuelta por hormigón aparente, sin ningún tratamiento, con las marcas de las placas de madera del encofrado impresas sobre esos cuatro paneles gigantescos cerrados. Los paneles están apoyados en finas columnas formadas por dos triángulos que se intersectan para lograr una rigidez bilateral con una sección mínima. Dentro se articulan las diversas losas del piso, en diferentes niveles, mediante una generosa rampa que ocupa un lado del pórtico. El techo se resuelve con una cuadrícula que funciona como un entramado de vigas sin cubierta, sobre el cual descansan cúpulas de policarbonato. La planta baja, inundada por las claraboyas, está abierta al exterior en tres de sus lados. El atrio funciona como una gran plaza interna que desciende hasta el auditorio y funciona también como vestíbulo. La idea era crear una gran plaza comunitaria, un espacio para la participación que se vería (y, principalmente, se escucharía) desde todos los demás espacios de estudio.

Durante los años 1960, la articulación entre la tectónica y la espacialidad de la escuela paulista sería desarrollada aún más por Joaquim Guedes (1932-2008), Carlos Milán (1927-64), Fábio Penteado (1929-2011), João Walter Toscano (1933-2011) y Paulo Mendes da Rocha (1928). Tal como lo resume Ruth Verde Zein,[7] la escuela paulista enfatiza la exposición completa de su materialidad, habitualmente en volúmenes únicos con generosos accesos y plantas libres, que permiten una gran conectividad visual en su interior. Esa organización es más visible en los cortes, que muy frecuentemente determinan la apariencia externa del edificio. Los resultados son edificios con una relación de contraste con la trama urbana, y bloques duros que dirigen toda la atención hacia las grandes sustracciones internas. La planta baja habitualmente es muy permeable, y el techo, con gran cantidad de aberturas para permitir el paso de la luz solar, es tratado como una quinta fachada.

CONTINUIDADES OCULTAS

Independientemente de lo poderosas que son las escuelas carioca y paulista, estaríamos perdiendo mucho si solo nos centráramos en la arquitectura producida en las dos mayores ciudades de Brasil. Luiz Nunes ya había establecido a Recife como un nodo modernista importante con sus edificios de 1933-36, cuya influencia en sus colegas de Rio de Janeiro aún no se ha evaluado debidamente.

Como estudiante en la Escuela Nacional de Bellas Artes – ENBA (1926-32), Nunes impulsó la arquitectura modernista desde muy temprano, y en 1931 se convirtió en el líder de la huelga estudiantil en apoyo de Lúcio Costa. En 1934, Nunes se mudó a Recife para trabajar en proyectos públicos como la Usina Higienizadora do Leite (planta de pasteurización láctea, 1934), y la torre de agua de Olinda (1936). A partir de esos primeros trabajos advertimos un fuerte vocabulario corbusiano (nótese que fueron construidos antes de la segunda y más importante visita de Le Corbusier a Brasil en 1936) y una fuerte preocupación por el control climático pasivo. Aproximadamente al mismo tiempo, tres ingenieros en Recife patentaron un bloque de cemento perforado que sería ampliamente usado para controlar las sombras y la ventilación en todo el país. Su producto fue etiquetado como COBOGÓ por la unión de sus apellidos: Amadeu Oliveira Coimbra, Ernest August Boeckmann y Antônio de Góis. Además de toda esa innovación, el movimiento vanguardista en Recife también merece crédito por influenciar a Roberto Burle Marx quien trabajó allí entre 1934 y 1936 en su primer proyecto de paisajismo público.

Todo esto es muy importante para llenar diversos vacíos de la narrativa de Lúcio Costa sobre la arquitectura moderna brasileña, que insiste en que todo comenzó con la segunda visita de Le Corbusier en 1936. Solo recientemente, nuevas publicaciones como la disertación doctoral de Juliana Cardoso Nery,[8] han reconstruido los debates de la década de 1920 y principios de 1930 para mostrar un escenario mucho más diverso y complejo. Los experimentos iniciales en Recife, rápidamente omitidos por la narrativa carioca, muestran que hubieron diferentes continuidades y rupturas distintas a las celebradas por el discurso *oficial*.

Recife siempre fue un centro importante de producción cultural desde su fundación por los holandeses en el siglo 17. Se trata del lugar donde Acácio Gil Borsoi y Delfim Amorim desarrollaron una escuela completa de modernismo tropical en la década de 1960. Borsoi fue otro carioca educado en la Enba, en 1949, que se mudó a Recife en 1951 para trabajar en el Instituto de Patrimonio Histórico e Artístico Nacional – IPHAN. Ya en Recife, Borsoi desarrolló una arquitectura que combinaba los ideales modernos de su tiempo con el clima y el modus vivendi del noreste brasileño. Otro inmigrante en Recife fue Delfim Amorim, nacido en Portugal y educado en Porto. Entre sus innovaciones está el uso de tejas cerámicas sobre una losa de hormigón, combinando lo mejor de ambos mundos: la ventilación permitida por las antiguas tejas de terracota y la flexibilidad espacial que posibilita el hormigón armado. Una vez más, los brasileños (en este caso, un luso-brasileño) elegían cuidadosamente qué debería continuar y de qué debían apartarse.

En los años 1970, el nordeste brasileño vería una buena cantidad de grandes edificios de arquitectos con base en Rio y São Paulo, como Sérgio Bernardes en João Pessoa y Fortaleza, y João Filgueiras Lima, Lelé, en Salvador.

Bernardes y Lelé se estaban alejando de los éxitos del modernismo brasileño, mientras luchaban para superar algunos de sus puntos débiles. Bernardes estaba probando nuevas tecnologías constructivas, mientras que Lima trabajaba para reconciliar la prefabricación con la mano de obra poco calificada. Allí hubo continuidades y rupturas de todo tipo.

Tanto Lelé como Bernardes empezaron su carrera en la década de 1950, y es justo decir que ambos se verían influenciados por las críticas al modernismo brasileño sobre su incapacidad para atender las demandas sociales y lograr avances tecnológicos. Esta crítica fue enérgicamente articulada por Max Bill en 1954,[9] pero también se notó en muchas otras formas y desde muchas otras voces. Eduardo Mendes Guimarães, por ejemplo, escribió lo mismo, pero de manera más amable en su revista *Arquitetura e Engenharia*, en 1955.

De todas formas, las palabras de Max Bill resonaron con fuerza entre los arquitectos brasileños. Después de graduarse, en 1955, Lelé se mudó a Brasilia para trabajar en la construcción de la nueva capital. Allí, bajo las órdenes directas de Niemeyer, mostró un talento excepcional para solucionar problemas técnicos, y construir más rápido y barato. Durante los años 1960, Lelé usó hormigón armado prefabricado para construir estructuras para la Universidad de Brasilia. En la siguiente década el arquitecto estaba en Salvador, donde proyectó varios edificios de oficinas para el gobierno estatal, junto con la exquisita capilla en el Centro Administrativo da Bahia – CAB, todos con elementos de hormigón prefabricados. En Salvador Lelé construyó una planta industrial completa para fabricar todo tipo de componentes para equipamiento urbano, desde paraderos de buses colectivos y pasarelas, hasta sumideros de aguas sucias. La falta de apoyo de los gobiernos subsiguientes y la falta de interés por parte de la industria de la construcción en general hicieron que la fábrica funcionara solamente durante parte de la década de 1980. Pero el genio de Filgueiras Lima para la construcción racionalizada llamó la atención de los hospitales Rede Sarah y de su director, Aloísio Campos da Paz. Juntos, Campos da Paz y Filgueiras Lima re-conceptualizaron todo en el hospital (primero en Brasilia y luego en otras siete ciudades brasileñas). Diseñaron y construyeron camas de hospital, tabiques móviles, salas de espera con ventilación natural, habitaciones con vistas específicas a la naturaleza, y un sofisticado grado de integración entre el interior y el exterior de las estructuras. Más adelante, los elementos desarrollados para la red Sarah fueron utilizados en diversos edificios institucionales del gobierno brasileño.

Una carrera en cierta medida paralela a la de Filgueiras Lima fue la de Sérgio Bernardes, que se graduó en 1948, también de la Universidad de Brasil, en Rio (actual Universidad Federal de Rio de Janeiro – UFRJ). Ya en 1951, Bernardes diseñaba estructuras importantes como la casa de Lota Macedo Soares y Elizabeth Bishop, en la cual un techo metálico apoyado en cerchas muy delgadas está suspendido por encima de todo, y el espacio interior está organizado con paredes de piedra y superficies de vidrio. Unos pocos años después, Bernades ganó el concurso para el pabellón brasileño en la Feria Mundial de 1958, en Bruselas. En este caso, una membrana hiperbólica de hormigón se apoya en finas columnas metálicas en sus cuatro bordes, con una perforación circular justo en el centro. Por encima de esta perforación, que funciona como atrio del edificio, había un gran globo. En los días soleados (con elevada presión atmosférica), el globo flotaba y permitía la entrada de luz al pabellón. En los días lluviosos (con baja presión atmosférica), el globo descendía y cubría el atrio. Largos cables cuidadosamente detallados y las estructuras híbridas con hormigón y acero se convirtieron en la marca registrada de Bernardes, quien más tarde diseñó el centro de convenciones en Brasilia y la feria de São Cristóvão en Rio. En 1979 Bernardes creó el Laboratório de Investigaciones Conceptuales – LIC, un grupo de asesoría de diseño y prototipos arquitectónicos, que generó una gran cantidad de ideas para la vivienda, la planificación urbana, el mobiliario y el equipamiento urbano. Sus trabajos conceptuales se asemejan a la Ciudad Hidroespacial diseñada por Gyula Kosice,[10] aproximadamente en la misma época, otra conexión que debería ser un poco más investigada.

De alguna manera, tanto Bernardes como Lelé dedicaron sus carreras enteras a responder a la crítica de Max Bill, trabajando duro para lograr avances en los aspectos técnicos de la arquitectura y, en el caso de los prefabricados de Lelé, ayudar a los necesitados. Al negarse a adoptar los métodos intensivos de la mano de obra de la construcción tradicional, Bernardes y, en un grado aún mayor, Lelé, procuraban lograr una importante ruptura en la tradición constructiva brasileña, mientras seguían comprometidos con los ideales generales del modernismo.

CON ESTE MARCO PROPUESTO DE CONTINUIDADES Y RUPTURAS DEBEMOS DECIR QUE EN LAS DÉCADAS DE 1960 Y 1970 SE DIERON ALGUNOS EXPERIMENTOS CONTROLADOS QUE BUSCARON TRASPASAR EL LÍMITE DEL MODERNISMO BRASILEÑO.

En este punto, a cualquier lector con conocimiento previo de la arquitectura moderna brasileña le resultará extraño evitar los discursos canónicos de la escuela carioca versus paulista. Si bien concordamos que esos movimientos principales son muy importantes (y es por eso que son mencionados justo al principio) buscamos ampliar el análisis más allá de Lúcio Costa, Niemeyer, Artigas y Mendes da Rocha. De alguna manera, se sigue un marco propio para construir una ruptura con la historiografía tradicional.

Con esa breve desviación a través de los argumentos de la historiografía, regresamos con otra importante ruptura, en este caso, arquitectónica, que ocurrió en la década de 1980. Cuando el gobierno militar comenzó a mostrar señales de agotamiento y a revocar gradualmente algunas de las leyes represivas, un grupo de arquitectos en Minas Gerais lanzó un movimiento inspirado en el postmodernismo, que tenía su foco en el regionalismo y en el territorio, y recurriría al dibujo como medio para la investigación espacial.

Por ejemplo, aunque los icónicos edificios del modernismo brasileño eran todos de hormigón armado, los arquitectos de Minas Gerais eligieron cada vez más el acero como material estructural, e incluso para los revestimientos. En la Capela de Santana ao Pé do Morro (1979), de Éolo Maia e Jô Vasconcellos, la estructura de acero envuelve y protege las ruinas de una iglesia del siglo 18, y la devuelve a la vida. Mantener el mismo respeto por la escala y por las formas del entorno sería la estrategia de diseño del edificio más famoso de Éolo Maia y Sylvio Podestá, el Centro de Apoyo Turístico en la plaza principal de Belo Horizonte.

Debemos destacar que no todo era metálico y brillante en Minas Gerais. Hubo también mucha continuidad en las obras de Humberto Serpa, William Abdalla, Alvaro Hardy e Iztvan Farkasvolgy. En el banco BDMG, Serpa y Abdalla crearon una estructura externa de hormigón que soportaba un cubo acristalado platónico en su interior. Diseñado en 1969 como resultado de un concurso abierto, el edificio del Banco BDMG hace referencia a la escuela paulista así como el Banco de Londres de Clorindo Testa y el colectivo SEPRA en Buenos Aires. Una década después, Hardy y Farkasvolgy diseñarían otro edificio icónico en Minas Gerais, la casa central de la empresa acerera Usiminas. Este edificio se ajusta aún más a la ortodoxia paulista: es una caja de hormigón sin aberturas en cuatro de sus caras, con vidrio en las dos fachadas principales y paredes laterales que sobresalen.

Abdalla y Hardy se volcarían gradualmente hacia el expresionismo, y Serpa y Farkasvolgy se mantendrían a la retaguardia. Junto con Maia y Podestá, este grupo fundó en 1979, la revista *Pampulha* – un no muy discreto guiño hacia las continuidades. A pesar del homenaje al modernismo clásico en el título de la revista, esta se convirtió en un vector para la diseminación de nuevas ideas hacia todo el país. En vez de insistir con la herencia modernista, el grupo *Pampulha* estaba listo para abrazar un lado más hedonista del posmodernismo. Eligieron como táctica la irreverencia, pero el mensaje era seriamente arquitectónico. En las páginas de *Pampulha* podemos notar la formación del nuevo proceso arquitectónico que recurriría al regionalismo y al territorio en busca de inspiración, y al dibujo como un medio para la investigación espacial. Las páginas de las revistas mostraban las propuestas del arquitecto para su ciudad, y críticas agudas hacia la burocracia planificadora aún reinante. Después de tres décadas de homogeneidad del modernismo, seguidas por dos de dictadura militar, había un fuerte reclamo contrario al autoritarismo, y un grito a favor de propuestas arquitectónicas locales. Medio siglo de planificación centralizada para responder a una urbanización explosiva (la población de Belo Horizonte había pasado de 214 mil habitantes en 1940 a 2 millones en 1985) había fracasado en su intento de crear una ciudad mejor, y los arquitectos reclamaban un nuevo enfoque. Usando el poder de los dibujos como generadores, fueron capaces de insertar un poco de fantasía en sus imágenes de la ciudad, y defendieron la imaginación y la resolución de problemas. Además, *Pampulha* estaba en sintonía con el creciente movimiento ambientalista, e hizo uso de sus páginas para crear conciencia sobre los efectos colaterales de muchos proyectos gubernamentales de gran escala.

Esa actitud posmoderna que latía en Minas Gerais resonó incluso en lugares tan distantes como Manaus, en las obras de Severiano Porto, y en São Paulo, en las obras de Ruy Ohtake. Sin embargo, también se debe destacar que uno de los mayores nodos que conectó a todos los que trabajaron en ideas tan *divergentes* – para usar un término acuñado por Marina Waisman –[11] durante la mayor parte de la década de 1980, fue la Bienal de Buenos Aires.

Desde mediados de la década de 1970, Severiano Porto trabajó en Manaus – en el medio del Amazonas –, adaptándose a las técnicas de construcción locales. En la Universidad del Amazonas usó estructuras de hormigón prefabricadas cubiertas por un techo alto que permitían una abundante ventilación por encima y debajo de los salones de clase elevados. En el Centro de Protección Ambiental Balbina, Severiano Porto se dedicó a pleno a las estructuras de madera y techos serpenteantes, también cubiertos con trozos de madera, una referencia directa a la arquitectura de las poblaciones indígenas.

En São Paulo, Ruy Ohtake exploró colores y formas desde muy temprano. Su hotel Unique resume su arquitectura con una combinación inesperada de materiales y geometrías. El volumen de un cilindro truncado con ventanas circulares, fue apodado de *sandía* por el público en general. Pero de cerca, los diseños de Ohtake muestran una articulación muy cuidadosa de los materiales y los colores, aprovechando al máximo esas libertades posmodernas para lograr composiciones espaciales elaboradas e impactantes.

BALANCE CONTEMPORÁNEO

Sin embargo, la ola posmoderna se desvaneció antes de llegar a representar una amenaza seria a la escuela paulista. El concurso de 1991 para el pabellón brasileño en Sevilla (cuyo primer lugar fue otorgado a Angelo Bucci y Álvaro Puntoni, pero no fue construido) marca el renacimiento de la ortodoxia paulista en la escena nacional, el cual alcanzaría su punto máximo cuando Mendes da Rocha recibió el Premio Pritzker en 2006. El proyecto ganador para la Feria Mundial de Sevilla fue una clásica caja elevada con rampas que articulaban los espacios, en una referencia directa al edificio de Artigas para la FAU USP. El Mube de Mendes da Rocha llevó el vocabulario paulista hasta sus límites, articulando una secuencia de plataformas en diferentes niveles, cosidas por un pórtico de sesenta metros de largo.

Los edificios de Angelo Bucci y Álvaro Puntoni unieron a Fernando de Mello Franco, Marta Moreira, Milton Braga (MMBB), y a Biselli Kathborian, Marcio Kogan y Decio Tozzi, para producir algunas de las estructuras más refinadas de fin de siglo, casi todas en São Paulo.

En la Clínica Odontológica de Orlândia, proyecto de la oficina MMBB, un pórtico de hormigón envuelve una elegante articulación de plataformas. Los consultorios odontológicos están completamente hechos en vidrio en los dos lados restantes, y protegidos por parasoles horizontales en la fachada Norte. Un lenguaje muy similar es usado por Marcio Kogan, con un poco más de énfasis en materiales suaves, como cerchas de madeira, que cubren el envoltorio y logran una expresión más teatral en los espacios interiores. Aquí tenemos muchas más continuidades que rupturas, aunque los proyectos recientes de Angelo Bucci muestran un mayor grado de expresionismo, alejándose del eje de la ortodoxia paulista hacia una investigación formal más personal. Bucci también fue la cabeza de la integración con el Mercosur, junto con Solano Benítez en Asunción y Rafael Iglesia en Rosario.

São Paulo, el centro industrial y financiero de Brasil, naturalmente ejerce su centralidad en los debates arquitectónicos de los últimos veinte años, pero cuanto más nos adentramos en el siglo 21, más percibimos un equilibrio entre la hegemonía de la escuela paulista y las adaptaciones y transmutaciones heterodoxas de esa espacialidad en todo el país. Aun cuando la Slice House en Porto Alegre no parece muy paulista debido a su compleja forma, sí tiene una configuración espacial basada en una planta libre organizada por dos medianeras. Allí, los arquitectos Cristopher Procter e Fernando Rihl crearon un diseño muy en sintonía con la vanguardia contemporánea mundial que, por lo tanto, está menos en deuda con las continuidades brasileñas.

En Belo Horizonte, los Arquitetos Associados han adaptado exitosamente componentes de la célebre arquitectura paulista, como la rigurosa geometría del sistema estructural, para combinarlos con curvas cariocas, en la terraza del Centro Educativo Burle Marx, en Inhotim. El Centro Educativo Burle Marx es una estructura en forma de "U," construida directamente sobre una pequeña laguna. Tubos de aluminio perforados que cuelgan de la losa del techo se suceden en un patrón horizontal, lo que brinda una identidad modernista al edificio. Además, el espejo de agua de la terraza está diseñado con curvas ondulantes que se asemejan al jardín del Ministerio de Educación, y otorgan una abundante continuidad a este premiado proyecto. En la galería Miguel Rio Branco, es la materialidad la que resulta desafiada, con acero corten donde antes dominaba el hormigón armado. La continuidad aquí señalada es en dirección a Éolo Maia y sus experimentos con acero en las décadas 1970 y 1980.

La misma libertad con un vocabulario predominantemente paulista se ve en la sede de la Fundación Habitacional del Ejército – FHE en Brasilia, de Danilo Matoso, Elcio Gomes, Fabiano Sobreira y Newton Godoy. Aquí hay dos barras en paralelo con un jardín generoso entre ellas, mientras que la composición queda envuelta por paredes exteriores sin ventanas en el lado más pequeño, y parasoles longitudinales. En el Centro Comunitario del Parque H3O, en Belo Horizonte, de Ana Paula Assis, Alexandre Campos, Carlos Teixeira, Flávio Agostini y Silvio Todeschi, una superficie de metal envuelve a los volúmenes internos para proporcionar sombra, ventilación y abundante permeabilidad a un edificio en el centro de la mayor favela de la ciudad.

A miles de kilómetros al Norte de São Paulo, arquitectos como Oliveira Júnior, en la Paraíba, adoptan una estrategia de composición similar: se toman la libertad con el vocabulario paulista para adaptarlo a las condiciones climáticas locales. En Casa Galería, una medianera funciona como estructura principal, y proporciona apoyo a un gran techo con tejas cerámicas que está suspendido sobre todo el conjunto para permitir abundante luz y ventilación en los espacios que cubre. Aquí podemos percibir continuidades de arquitectos tan diversos como Borsoi, Lúcio Costa y Artigas.

Siguiendo direcciones diferentes, pero no menos importantes, se encuentran las estructuras que Vinicius Hernandes de Andrade y Marcelo Morettin construyeron con componentes prefabricados, al igual que el colectivo O Norte, en Recife. En la Residencia en Derby, el colectivo O Norte construyó una casa con componentes estandarizados que se puede desarmar por completo.

En la ciudad de São Paulo y sus alrededores, Andrade Morettin ha diseñado y construido varias estructuras con componentes estandarizados y uniones extremamente detalladas. En la casa RR, junto al mar, una caja elevada de doble altura es circundada por paneles verticales que se pueden abrir por completo a la vegetación exuberante de la propiedad. Su atención al detalle y el cuidadoso uso de los materiales industrializados crean una ruptura con la estética brutalista paulista, y muestran una mayor continuidad con Sergio Bernardes como también con Lelé.

Y por último, pero no por ello menos importante, debo mencionar las notables intervenciones que Marcos Boldarini está realizando en las favelas más pobres de São Paulo. En Cantinho do Céu, una península al margen de una represa, Boldarini diseñó un parque que negocia la relación entre el asentamiento informal y el agua, convirtiendo lo que antes era un basural en una serie de espacios llenos de sensibilidad para la comunidad.

Para cerrar esta breve introducción a la arquitectura contemporánea brasileña, se puede decir, sin temor a equivocarse, que en paralelo al robusto crecimiento económico, y a las significativas mejoras sociales de la última década, hay una escena arquitectónica vibrante que aprovecha las celebradas tradiciones brasileñas para elegir con cuáles crear continuidades y con cuáles crear rupturas. Más que nunca, la arquitectura brasileña actual es muy vibrante y diversa. Está conectada con el mundo – y es también completamente consciente de su lugar en él.

NOTAS

NE. Publicaciones anteriores del texto: Fernando Luiz Lara, "Brazilian Contemporary Architecture Between Centripetal and Centrifugal Forces," in: *Architectural Guide Brazil*, orgs. Laurence Kimmel, Bruno Santa Cecília y Anke Tiggemann (Berlin: DOM Publishers, 2013), 13-19; Fernando Luiz Lara, "Continuidades y Rupturas en la Arquitectura Contemporánea Brasileña," *Plot* 24, 2015, 168-172.

1. Fernando Luiz Lara, "One Step Back for Two Steps Forward, the Maneuvering of Brazilian Avant-Garde," *Journal of Architectural Education* 55, Londres, Mayo 2002, 4.

2. Aproximadamente una década después México hace una conexión semejante, vinculando el modernismo y la arquitectura pre colombiana.

3. Kenneth Frampton, *História crítica da arquitetura moderna* (São Paulo: Martins Fontes, 2000), 311.

4. Adrian Forty, Elisabetta Andreoli, *Brazil's Modern Architecture* (Nueva York: Phaidon, 2004). Traducción libre.

5. Fernando Luiz Lara, "Espelho de fora. Arquitetura brasileira vista do exterior," *Arquitextos*, São Paulo, año 01, n. 004.07, Vitruvius, Septiembre 2000 <http://www.vitruvius.com.br/revistas/read/arquitextos/01.004/986>.

6. Luis Carranza y Fernando Luiz Lara, *Modern Architecture in Latin America: Art, Technology, and Utopia* (Austin: University of Texas Press, 2015).

7. Maria Alice Junqueira Bastos y Ruth Verde Zein, *Brasil: arquiteturas após 1950* (São Paulo: Perspectiva, 2010).

8. Juliana Cardoso Nery, "Falas e ecos na formação da arquitetura moderna no Brasil" (tesis de doctoramiento, UFBA, 2013).

9. Max Bill, "Report on Brazil," *The Architectural Review* 694, Agosto 1954, 238-239.

10. Luis Carranza y Fernando Luiz Lara, "1971: Formalizing the Legacy of MADI (Movimiento De Arte Invención)," in: *Modern Architecture in Latin America: Art, Technology, and Utopia* (Austin: University of Texas Press, 2015), 267-271.

11. Marina Waisman, "La Arquitectura Descentrada," *Escala* 72, Bogotá, 1995.

Lara, Fernando Luiz
  Excepcionalidad del modernismo brasileño / Fernando Luiz Lara; organización de: Abilio Guerra, Fernando Luiz Lara y Silvana Romano Santos. - São Paulo: Romano Guerra; Austin: Nhamerica, 2019.
  264 p. : il. (Pensamiento de la América Latina; 4)

  1.Arquitectura moderna - Brasil 2.Arquitectura moderna - crítica I. Guerra, Abilio, org. II. Lara, Fernando Luiz, org. III. Santos, Silvana Romano, org. IV. Título V. Série

CDD 724.981

Dina Elisabete Uliana – CRB-8/3760

© Fernando Luiz Lara

Edición original en portugués *Excepcionalidade do modernismo brasileiro*, Fernando Luiz Lara, 2018.
ISBN: 978-85-88585-75-1 (Romano Guerra)
ISBN: 978-1-946070-17-3 (Nhamerica)

Ninguna parte de esta publicación puede ser reproducida, achivada o transmitida en forma alguna o mediante un sistema, ya sea electrónico, mecánico, de reproducción fotográfica, de almacenamiento en memoria o cualquier otro, sim previo y expreso permiso por escrito de los titulares de la propiedad intelectual y de la editorial.

Derechos para esta edición

Romano Guerra Editora
Rua General Jardim 645 cj 31
01223-011 São Paulo SP Brasil
rg@romanoguerra.com.br
www.romanoguerra.com.br

Nhamerica Platform
807 E 44th st,
Austin, TX, 78751 USA
editors@nhamericaplatform.com
www.nhamericaplatform.com

IMAGEN DE LA CUBIERTA
Foto Andres Otero

Este libro fue compuesto en Alegreya y Raleway
Impreso en papel Offset 90g y Duodesign 250g

www.ingramcontent.com/pod-product-compliance
Lightning Source LLC
Chambersburg PA
CBHW052053110526
44591CB00013B/2194